중국에는 왜 갔어?

중국에는 왜 갔어?

초판 1쇄 인쇄 2006년 1월 1일
초판 1쇄 발행 2006년 1월 7일

글•사진 김대오

펴낸곳 도서출판 사군자
펴낸이 유중
등록 1999년 4월 23일 제 1-2482호
주소 서울시 마포구 신수동 448-6 한국출판협동조합 사군자
전화 706-2596
팩스 706-2597
E-mail SAGOONJA@netsgo.com

가격 12,000원
ISBN 89-89751-23-3 03910
* 파손된 책은 서점에서 바꿔드립니다.

중국에는 왜 갔어?

김대오 글·사진

사군자

중국이라는 바위 뒤집기

어릴 적 고향 바닷가의 바윗돌을 뒤집으면, 고동, 성게, 해삼도 나오고 운 좋은 날은 문어도 잡을 수 있었다. 그래서 어릴 적 꿈은 어서 빨리 힘이 세져서 더 큰 바위를 뒤집고 더 많은 해삼과 문어를 잡는 것이었다.

지금 생각해 보니 중국에 간 것이 어쩌면 중국이라는 바위를 뒤집고 그 밑에 숨어 있을 더 크고 더 많은 해삼과 문어를 잡기 위한 것이었을지도 모르겠다. 3년 동안 살았던 베이징은 나에게 바다도 강도 없는 바닷가였던 셈이다.

2002년 8월 30일, 태풍 '루사'가 상륙하는 한반도를 떠나 중국 베이징 수도공항에 아내와 다섯 살 민지, 두 살 시윤이를 데리고 도착했다. 나 혼자서는 사기를 당해도 중국을 배우는 것이고 중국에 부딪혀 피를 흘려도 좋다는 생각으로 웃을 수 있겠지만, 막상 가족들과 함께 도착한 베이징은 웬지 어깨가 무거워지고 호객을 하는 택시기사들조차 만만치가 않게 느껴졌다.

짐이 많아서 빵차(麵包車, 식빵처럼 생긴 봉고차인데 지금은 거의 사라지고 없다)를 100위엔(13,000원)에 하나 잡아타고 미리 구해 놓은 리우다우커우(六道口)에 있는 집으로 향했다. 기사는 고속도로비를 아끼기 위해 고속도로를 벗어나 쑨허쪽으로 돌았다. 길가에는 온통 웃통을 벗은 알몸둥이의 사내들이다. "가죽옷(늦여름이라 여름 내내 웃통을 벗고 알몸으로 지낸 사내들의 살갗이 가죽옷처럼 진한 갈색이 되어 있음) 입은 사람들 많지?" 하고 농담을 건네보지만, 아내는 '뭐 이런 곳이 다 있나' 하는 표정이고 아이들은 신기해하면서도 긴장된 얼굴들이었다. 그렇게 우리 가족의 베이징살이가 시작되었다.

흔히들 중국은 "울면서 갔다가 울면서 돌아온다"고들 한다. 우리보다 생활수준이 낮고 사회적 안전망이 허술한 세계에 대한 두려움으로 울면서 갔다가, 또 가서 생활해 보면 오히려 한국보다 여유로운 리듬 속에서 더 높은 삶의 질을 향유하다가 다시 템포가 빠르고 한 마디로 '빡센' 한국에 돌아가서 적응할 것을 생각하면 울며 돌아온다는 의미일 것이다.

이 말은 나에게도 비슷하게 적용되는 것 같다. 인천에서 살던 짐을 트럭에 싣고 광주 장모님 집으로 옮기던 날 비가 내렸다. 정말 나는 왜 3년 동안 이 짐들을 썩혀야 하는지, 나는 왜 어린 아이들까지 데리고 낯선 중국에 가야 하는지, 그리고 가서 가족들과 함께 어떻게 살아갈 것인지를 생각하니 내리는 비처럼 정말 울고만 싶었다.

그런데 요즘 나는 한국에 돌아와 가끔 신호등에서 속절없이 기다릴 때나 음식물 쓰레기며 종이, 플라스틱, 캔 등을 분리 수거할 때, 그리고 마음껏 골라 든 과일과 고기의 비싼 값을 치르며 정말 중국이 그리워 또 울고만 싶어진다.

5년 동안의 고등학교 중국어교사 생활은 나에게 많은 보람과 안정된 삶의 행복을 가져다 주었지만 별다른 자극을 주지 못하고 나를 점점 타성에 젖어들게 했다. 삶의 목표를 앞에 던지고 그곳까지 헤엄쳐가지 못하면 빠져 죽는다는 심정으로 나를 독려할 만한 새로운 삶의 목표를 찾고 있을 즈음이었다. 나는 우연한 기회에 중국 칭화대학 유학생부의 한 교수님을 만나 유학을 권유받았다. 다소 망설임이 있었지만 평소 친분이 있던 중국교수님의 추천과 HSK성적, 그리고 교직경력 덕분에 미엔카오(免考, 무시험 전형)로 칭화대학 중문과 석사과정에 입학할 수 있었다.

칭화대학에서 중국 최고의 교수님들의 지도를 받으며 중국 최고의 학생들과 공부한 3년은 나에게 그야말로 기름진 토양 위에 날아든 민들레 씨앗처럼 행복한 성장의 시간이었으며, 중국을 새롭게 이해하고 몸으로 체득하여 느낄 수 있는 소중한 날들이었다.

매일 아침 7시쯤 농예(農業)대학 부속유치원을 다니던 딸 민지를 자전거에 태워 바래다 주고 다시 린예(林業)대학을 지나 칭화대학까지 수많은 자전거떼와 뒤섞여 페달을 밟는 자전거 위의 나날들은 분명 나에게 고단하지만 행복한 순간들이었으며 중국을 온몸으로 배우는 소중한 기회임에 틀림없었다.

일찍이 사마천이 《사기》에서 "검소에서 사치로 가기는 쉽지만 사치에서 검소의 생활로 돌아가기는 어렵다"고 한 것처럼 비록 중국의 물가가 싸다고 하지만 한국에서의 생활수준이 있다보니 중국생활은 예상했던 것보다 돈이 많이 들었다. 1년쯤 중국생활을 하고 나니 경제적으로 3년을 버텨내기가 어렵다는 결론이 나왔다. 그때부터 번역, 통역, 과외, 기사쓰기, 방송코디 등 닥치는 대로 아르바이트를 하지 않으면 안 되었다.

'중국생활을 정리하면서 가자'는 의미로 시작한 오마이뉴스 글쓰기는 자연스럽게 뉴스메이커, 우리교육 등의 글쓰기로 이어졌고, 번역, 통역, 방송코디의 기회도 가져다 주었다. 졸업학점을 다 취득하고 학과공부에 부담이 없는 2년 동안 거의 매일 중국뉴스를 모니터링하고 취재를 위해 베이징 이곳저곳을 헤집고 다니며 중국인들을 인터뷰하면서 어쩌면 살아있는 중국을 느끼고 더 실질적인 공부를 할 수 있었던 것 같다.

중국에서 살면서 식탁 아래에 지명을 익히기 위해 중국지도를 펼쳐 놓았는데, 하루는 밥을 먹다 말고 아들 시윤이가 "아빠! 근데 우리나라는 왜 이렇게 작아?" 하고 묻는다. 찌개냄비와 반찬그릇 여러 개를 놓고도 중국은 아직 남은 곳이 많은데, 우리나라는 아들의 작은 밥그릇 하나에 완전히 가려져 보이지도 않았기 때문이다.

중국은 분명 크고 다양하며 지역적인 차별성이 심하다. 유구한 역사를 간직한 56개의 민족이 형성하고 있는 문화적 퇴적층도 넓고 두텁다. 빛의 속도로 변화하며 내뿜는 현대 중국의 다양한 스펙트럼은 손쉬운 규정을 거부하며 우리에게 끊임없이 새로운 지적 탐구를 요구한다.

이 책은 우선 풍성한 중국의 문화퇴적층을 거닐며 중국인의 사유세계를 들여다 본 다음 걸음을 옮겨 변화의 회오리가 휘몰아치며 근대와 전근대, 부와 빈이 혼재되어 굴러가는 카오스 세계에 발을 들여놓았다. 그리고 마지막에는 슈퍼파워로 부상하며 중화 패권주의의 냄새를 풍기는 중국과 그들과 이웃하여 살아가야 하는 우리나라의 입장을 고민하는 곳까지 걸음이 미치고 있다.

최소한 나에게 중국은 비록 목을 매달고 죽어도 좋은 나무까지는 아닐지라도 끊임없이 나를 일깨우고 가슴을 두근거리게 하는 마그마같은 존재이다. 그러나 과문한 탓에 탁견은 없고 열정은 있지만 아직 작은 눈으로 중국의 높고 깊은 곳을 정확하게 관통해내고 있지는 못하다. 중국바닷가에 놓인 바윗돌을 뒤집고 정말 크고 많은 해삼과 멍게를 잡고 싶었지만, 나 역시 한 마리의 잠자리처럼 중국바닷가에 꼬리만 슬쩍 대고 날아온 것은 아닌가(蜻蜓點水) 하는 반성도 없지 않다. 오직 독자 제현의 질정을 바랄 뿐이다.

못난 남편을 믿고 중국생활 3년을 덜컥 승낙해 준 아내와 힘든 중국학교 다니며 고생하고 이제는 아빠보다 더 중국어를 잘 하는 자랑스러운 딸 민지, 영문도 모른 체 유년을 중국에서 건강하게 보내준 아들 시윤이에게 고마움을 전한다. 그리고 중국에 있는 동안 아들노릇까지 다 하며 부모님을 모신 누나들, 힘찬 응원을 보내주던 제자들, 시에즈시(解志熙)지도교수님을 비롯하여 힘든 중국생활을 격려해주던 많은 중국친구들과 부족한 글을 책으로 출판해주신 유중 사군자 사장님과 출판관계자분들께도 깊은 감사를 전한다.

끝으로 아들이 무슨 독립운동이나 하러간 줄 알고 늘 노심초사 걱정해주시며 지금도 고향 바닷가에서 변함 없는 사랑의 미소로 아들의 바위 뒤집기를 지켜보며 격려해 주시는 부모님께 이 책을 바친다.

2005년 12월

차례

들어가는 말　5

1.
잠자리 꼬리 물을 적시다

1. 중국인의 만만디, 그 느림에 대하여　19
2. 베이징살이, '만만치가 않네!'　27
3. 고구려의 한, 강릉 단오제가 달래다　35
4. 중국인의 성(姓)과 명(名)　42
5. 연, 베이징 하늘의 무인우주선　48
6. 오페라 경극, 아는 만큼 즐긴다　55
7. 베이징은 지하에도 만리장성이 있다　65

11

2.
거대한 문화유산, 그 메타포의 세계

1. 거대한 권력의 집, 자금성   75
2. 천단, 천자(天子)와 천(天)의 커뮤니티의 공간   93
3. 중국 전통 원림의 결정판, 이화원   103
4. 황제의 여름 피서지 '승덕피서산장'   122
5. "황제는 계속 되어야 한다. 죽어서도 쭉!"   133
6. 70만년 전으로의 시간여행, 주구점 북경원인   145
7. 만리장성이 사라지고 있다   153

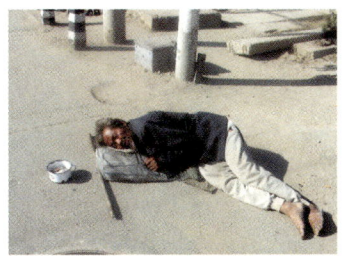

3.
변화의 회오리, 카오스의 덩어리

1. 중국은 거대한 아침형 사회 175
2. 외제 자동차와 삼륜차가 빚어내는 카오스 181
3. 중국대륙은 지금 '성혁명' 중 190
4. '히말라야산으로 시집가는' 중국 여성들 200
5. 중국, 마라톤형 계층사회 207
6. 엄마 빼고 다 가짜 214
7. 왕푸징 야시장을 가다 220
8. 대학 입학 시험, 까오카오(高考) 225

4.
중국, 너 없이도 너와 함께도 살 수 없다

1. 물이 흐르면 도랑이 될 것이다   235
2. 한류여, 깊은 물로 소리 없이 흐르라!   240
3. 신(辛)라면, 중국 시장을 뚫다   250
4. "한국, 한 건 하기식 고구려사 연구 극복해야"   255
5. '해당화'에 가면 북한이 보인다   264
6. '유학 보내면 중국어는 배우겠지?'   270

5.
부활하는 중화민족주의

1. 강도 바다도 없는 북경 바닷가   279
2. 중국, 우주 시대를 향해 돛을 올리다   285
3. '집 청소 끝내고' 목소리 높이는 중국   293
4. 중국 군사력, 주변국들 '신경 쓰이네'   301
5. 중국 IT산업 약진 이유 있었네   308
6. 2008년 베이징올림픽으로 도약을 노리다   314
7. 기지개 켜며 문화대국 꿈꾸다   321

1

잠자리 꼬리 물을 적시다

공간적으로 유럽대륙에 맞먹는 넓이와 시간적으로 1만 년에 달하는 유구한 역사. 이 거대한 시간과 공간 좌표가 만들어내는 중국의 문화적 전통은 그야말로 다채롭고 풍부하다. 하루 1만 명이 중국을 찾고 있지만 잠자리가 연못에 꼬리만 대고 날아가는 식(칭팅디엔쉐이-蜻蜓點水)으로 물 속을 들여다보지 못하고 겉만 맴도는 경우가 많은 것이 현실이다.

1. 중국인의 만만디, 그 느림에 대하여

옛날 중국에 추앙추라는 유명한 화가가 있었다. 어느 날 황제가 그에게 그림을 하나 그려 달라고 했다. 추앙추는 열두 명의 시종과 집 한 채, 그리고 5년의 시간을 달라고 했다. 하지만 5년이 흘렀으나, 그는 아직 그림을 시작도 하지 않았다. 추앙추는 5년을 더 달라고 했고, 황제는 이를 수락했다. 10년이 거의 지날 무렵, 추앙추는 붓을 들어 먹물에 찍더니 한 순간에, 단 하나의 선으로, 이제까지 보았던 것 중 가장 완벽한 게를 그렸다.

이는 밀란쿤데라의 저서 〈느림〉의 마지막 뒷표지에 소개되어 있는 얘기다. 흔히들 중국인의 성격을 '만만디(慢慢地, 천천히)' 라고 말한다. 그리고 그 느림은 때로는 비록 자기는 어떤 성과를

하루 50위엔을 벌기 위해 그냥 오르기도 힘든 황산을 매일 100kg씩 짐을 짊어지고 나르는 짐꾼의 모습.

거두지 못하더라도 서두름 없이 하지만 황소걸음처럼 제대로 대를 이어서 큰 일을 이루어 가는 우공이산의 긍정적인 의미로 평가되기도 하고, 때로는 빛의 속도로 변하는 시대에 적응하지 못하고 지나친 여유로 효율성이 떨어지는 느긋함이나 굼뜸이라는 부정적인 평가를 받기도 한다.

중국은 분명 그 변화의 템포와 생활의 리듬이 우리에 비해 아주 느리다. 비교적 좁은 지역에 살았던 우리의 선조들은 아침에 일찍 일어나 걸음을 재촉하여 '빨리 빨리' 서두르면 호랑이가 사는 산을 넘어 무서운 밤이 오기 전에 목적지에 도달할 수 있었다. 반면 평생 산 한번 보지 못하고 살아가는 드넓은 평원의 중국인들은 서두를 이유가 별로 없었다.

특히 중국문명을 잉태한 황하는 늘 범람하며 부지런히 서둘러

느린 동작의 태극권은 중국인의 만만디를 잘 보여준다.

농사를 지은 사람과 느긋하게 농사를 지은 사람의 구분을 휩쓸고 가 버렸다. 중국의 차(茶)문화에도 잘 나타나듯이 중국인들은 대자연의 거대함 앞에서 인간의 서두름이 별 효용이 없는 작은 몸짓에 불과하다는 것을 선험적으로 깨닫게 되었던 것 같다. 일종의 '체념의 느림'이었던 셈이다.

　사회주의시절에는 또 다른 형태의 '구조적 느림'이 존재했다. 헤게모니를 장악한 자들이 자신의 권위를 더욱 돋보이게 하기 위해 그 느림을 이용한 것이다. 이는 관료주의적 폐해와도 관련이 있는데, 일부러 승인 절차를 복잡하고 길게 함으로써 자신들의 몸값을 올리고 권위를 세우려고 했던 것으로 보인다. 이에 익숙한 일반 서민들은 그 구조에 적응하면서 자연스럽게 또 다른 느림을 학습 받게 된다.

칭화대학 근처 식당 중에 만두를 아주 맛있게 한다고 소문이 난 집이 있었다. 중국친구와 함께 만두를 사기 위해 그 만두집을 갔는데, 손님들이 10m가 넘게 줄을 길게 서 있는 것이다. 내가 그 옆에 있는 만두집으로 가자며 발길을 돌리려 하자, 중국친구는 태연하게 그 긴 줄 뒤에 가 우뚝 서는 것이다. 그러면서 하는 말이 '마샹(馬上, 금방이라는 의미)' 이다. 30분 정도 기다리는 것을 중국인들은 '금방' 이라고 하는 모양이다. 학교에서 3시간이나 떨어진 곳으로 MT를 갈 때도 중국친구는 '마샹' 이라는 말로 나의 시간관념을 흩뜨려 놓았다. 중국인들에게 보여지는 그 풍성한 기다림이 은근히 부럽기도 했다.

그러나 개혁 개방 이후 자본주의 문화가 휘몰아치면서 빛의 속도로 변하는 현대 중국에서 느림의 가치와 의미도 변하고 있다. 느리게 자전거 페달을 밟아서는 빠르게 변하는 세계를 따라 잡을 수 없다고 느낀 많은 중국인들이 마이카족으로 변신했듯이 느림도 변신하고 진화하고 있다. 나는 그것을 '전략적 느림' 이라고 이름하고 싶다.

경제교류에 나선 중국인들은 한국인이 갖고 있는 조급함을 자신들의 문화부호인 만만디로 공략하여 경제적 이익을 극대화하려는 실용주의적 전략적 느림을 구사하고 있기 때문이다.

중국에서 '굿필' 이라는 벨소리다운로드업체로 성공신화를 이룬 현 Sohu 무선인터넷 사업부문 CEO 김지환사장은 자신의 경험담을 통해 사실 중국인이 더 급하다며 다만 겉으로 절대 급한 모습을 드러내지 않으려고 노력할 뿐이라고 말한다.

중국인은 자신들이 더 이상 물러설 곳이 없는 벼랑 끝에 몰리기 전까지는 그야말로 태연하게 만만디 전략으로 상대방의 의중을 저울질하며 경제적 실익을 챙기려 한다. 그래서 때로는 포기할 줄도 알아야 한다고 조언한다. 일단 돌아서면 붙잡는 것이 중국인이라는 것이다. 실적과 그 동안의 투자한 것 때문에 하나 둘 양보하다 보면 경제적 손실은 물론 기술까지 다 건네주고 만다고 안타까워하며 자신의 경험을 이렇게 소개했다.

최고 기술력의 벨소리를 만들어 중국 회사에 판매하기 위해 계약을 체결하는데 자꾸 이상한 조건이 나오더라는 것이다. 자신이 가져야 할 헤게모니를 다 빼앗기며 중국 측에 끌려가다 보니 자꾸 요구사항이 많아졌고, 결국 김지환사장은 입찰을 포기할 양으로 돌아서고 말았다. 입찰 마지막 날, 중국의 회사 사장이 호텔로 직접 찾아와서는 제발 다시 입찰에 응해달라며 사정을 하더라는 것이다.

베이징에서 주재원 생활을 하는 한 친구는 중국인들의 전략적 느낌을 어느 정도 간파하고 되도록 이면 좋은 조건에 물건을 팔기 위해 중국 측과 밀고 당기는 협상을 거듭하며 중국의 속도에 맞춰 가는데, 실적으로 모든 것을 평가하는 한국 본사에서는 "왜 실적이 없느냐? 왜 빨리 처리하지 않느냐?"며 성화이기 때문에, 결국 더 좋은 가격을 받을 수 있음에도 적은 이익을 보고 물건을 넘기는 경우가 많다고 안타까워했다.

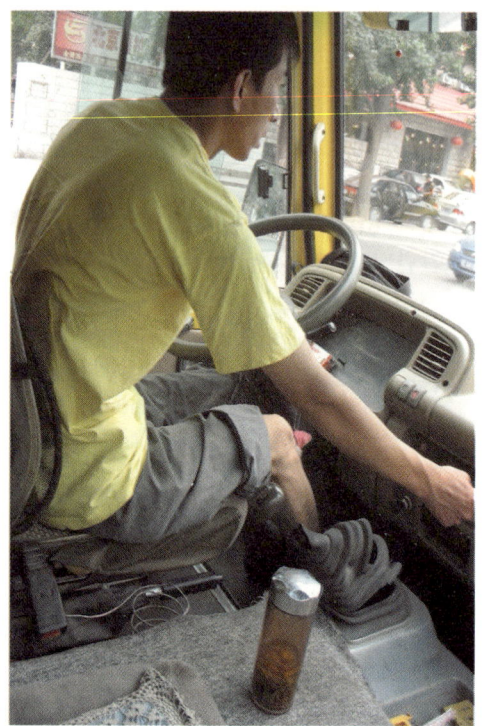

운전기사 옆에 놓인 찻병. 여유보다는 갈증을 해소하기 위해 차를 즐겨 마신다.

차를 즐기는 중국인들이지만 우리가 상상하듯이 차호와 찻잔을 갖춘 고상하고 여유 있는 차 마시기는 거의 찾아보기 힘들다. 큰 유리병에 찻잎을 넣고 그것을 병째 마시는 것에서 여유보다는 갈증해소를 위한 하나의 기능으로서의 차문화가 존재할 뿐이다.

중국에 가 본 사람들은 누구나 느꼈겠지만 중국인들의 운전습관은 '빨리 빨리'에 익숙한 한국인들을 비웃기라도 하듯 더 조급하고 여유가 없다. 양보는 찾아볼 수 없고 조금만 느리거나 굼뜨면 경적을 울려대고 욕을 하기 일쑤다. 물론 급진적인 현대화로 인한 물질문명과 정신문명의 차이에서 오는 문화지체현상도 있겠지만, 중국인들이 결코 만만디가 아니라는 것을 극명하게 대변해주고 있다는 느낌이다.

차가 막히자 성질 급한 운전수가 문을 열고 전방 상황을 바라보고 있다.

    진정한 느림은 발 빠르게 움직이며 흘리는 땀으로 남보다 미리 준비된 자가 누릴 수 있는 삶의 여유가 아닐까? 소리에 미리 도달한 득음의 성악가가 바이브레이션을 통해 그 소리를 더욱 아름답게 한다면 진정한 느림은 그 바이브레이션의 떨림이 아닐까? 중국인은 결코 느리지 않다. 그리고 그 중국인의 전략적 느림을 깨뜨리는 방법은 우리가 성실한 노력과 최고의 기술로 진정한 느림의 여유를 배우는 것이다.

 런민비

현재 사용하는 100위엔. 1위엔에서 100위엔까지 모두 마오쩌둥의 사진이 담겨 있는데, 자본주의화로 희석되는 혁명사상을 고취하고자 하는 중국정부의 의도가 담겨져 있다 (ⓒ2004 인터넷사이트 錢幣樂園).

'중국인의 피에는 런민비(人民幣)가 흐른다'고 한다. 중국어로 '앞을 향해 간다(向前走)'는 말과 '돈을 향해 간다(向錢走)'는 말은 서로 발음이 같은데, 그래서인지 중국인들은 돈을 향해 가는 것이 그들의 밝은 미래를 향해 가는 것이라고 철석같이 믿고 노골적으로 돈을 밝힌다. 사실 오늘날 중국은 자본주의보다 더 자본주의적인 나라이다. 모든 것이 돈으로 계산되고 또 돈으로 해결되는, 그래서 더 급속도로 금전만능사회의 모순과 폐단이 생겨나고 있다.

중국의 인민폐(人民幣, 런민비)는 위엔(元)·쟈오(角)·펀(分)의 세 종류가 있다. 1위엔은 10쟈오, 100펀에 해당한다. 그러나 위엔(元)은 주로 문어체에서 사용하고, 실제 생활(구어)에서는 '콰이(塊)'라고 한다. 마찬가지로 쟈오(角)도 실생활에서는 '마오(毛)'라고 한다. 예를 들어 물건값을 물어보면 '이 위엔(1元)'을 '이 콰이(1塊)', '이 쟈오(1角)'를 '이 마오(1毛)' 식으로 사용한다.

현재 중국 런민비 1위엔은 우리 돈 130원 정도에 해당된다.

잠자리 꼬리 물을 적시다

2. 베이징살이, '만만치 않네!'

중국은 우리에게 문화적, 지리적 근접성 때문에 가깝고도 만만한 나라로 인식되고 있다. 게다가 물가가 저렴하다는 매력까지 더해져 중국러시는 그야말로 거대한 흐름을 이뤄가고 있다. 세계의 블랙홀이 된 중국! 그렇다면 중국인들은 우리를 포함해 전 세계인들의 중국러시를 어떻게 생각할까?

칭화대학에 다니는 샤오바이(小白) 라는 친구는 이렇게 말한다. 중국으로 몰려오는 거의 대부분의 나라는 중국보다 선진기술, 선진문명을 가진 나라들이다. 하지만 그 중에서 어떤 나라도 중국을 위해서 오는 나라는 없다. 저마다 자국의 이익을 추구하기 위해 중국으로 몰려오는데, 중국이라고 아무 대책 없이 중국 내 시장을 그들에게 다 내 줄 수는 없다는 것이다.

외국인에 대한 차별적인 의료비와 교육비, 외국기업에 대한 높은 관세 등을 무조건 부당한 것으로 생각할 수만은 없다는 논리가 성립된다. 사실 베이징에서 중국인이라고 하더라도 베이징호구(戶口)가 없는 외지인인 경우 의료와 교육에 상당한 차별을 받고 있는 것이 현실이다. 하물며 외국인은 재론의 여지가 없을 것이다.

자세한 내막을 알지 못했던 나는 '중국은 싸니까' 하는 생각으로 네 식구가 중국에 가면서 3000만 원 정도를 챙겼다. 1년에 1000만 원(약 7만 7천 위엔)씩 생각하고 한 달에 80만 원 정도씩이면 되겠지 하는 순진한 생각을 한 것이다.

물가가 싸다고 만만하게 여겼던 베이징생활은 생각보다 비용이 많이 들었다. 1년 반 정도가 지나자 준비한 돈은 바닥을 드러내기 시작했다.

우선 비행기값이 왕복 1인당 40만 원 정도로 거리에 비해 적지 않은 돈이다. 사스와 같이 예기치 못한 일도 있고 또 가족의 대소사를 챙기기 위해 한국을 오가게 되면 그 비용이 만만치가 않다.

집값은 전세개념이 없이 모두 월세이다. 월세로 구한 아파트에 침대, TV, 냉장고, 세탁기, 에어컨 등 기본적인 가전용품은 딸려 있고 또 3년만 지낼 거니까 생각하며 꼭 필요한 것만 구입했지만, 초기 정착비용이 100만 원 정도는 들었던 것 같다.

그러나 월세는 거의 한국과 비슷할 정도로 비싸다. 우리 가족이 구한 집은 방 2개, 거실, 부엌, 화장실이 있는 25평 정도의 아파트였는데, 우다오커우(五道口)나 왕징(望京)에서 모두 2700위

시윤이와 함께 칭화대학에서. 한국에 와서도 시윤이는 한국에 가자고 하고 중국과 구분을 잘 짓지 못한다. 어린 탓도 있겠지만 한중양국의 문화가 그 만큼 비슷하다는 의미도 있는 것 같다.

엔(35만원)이 들었다. 1년이면 420만 원이나 된다. 그래서 지금은 외국인도 주택구입이 가능하기 때문에 3년 이상 오래 중국생활을 할 사람은 집을 세 내지 말고 융자를 받아서라도 집을 사는 것이 낫다고들 한다.

교육비도 만만치가 않다. 우선 칭화대학 석사과정 1년 학비는 2만 3천 위엔(300만 원)이다. 처음에는 딸 민지가 중국 유치원에 다니고, 아들 시윤이는 어려서 집에 있었기 때문에 비용이 얼마

들지 않았다. 하지만 1년 반 이후부터는 중국초등학교를 다니던 민지의 학비가 1년에 1만 위엔, 한국 유치원을 다닌 시윤이 1년 학비가 2만 위엔(매달 유치원비 1500위엔), 합치면 벌써 우리 돈 700만 원에 육박한다. 민지는 외국인이라서 비싼 학비를 내는 것이고, 시윤이는 한국인이 수업하는 한국 유치원이라서 한국과 똑같은 수업료를 낸 것이다. 아이들 학비만 놓고 보면 '중국은 싸다'가 아니라 '중국은 비싸다'가 맞는 말이다. 여기에 보통 1시간에 10~20위엔 정도 하는 푸다오(輔導, 개인과외)비나 한 달에 600~700위엔 하는 학원비나 교재비까지 포함하면 1년에 교육비만 1000만 원이 들었다.

상대적으로 식비는 저렴하지만 외식비를 포함하면 한 달에 보통 2000위엔이 넘는다. 그리고 나중에 부모님께 엄청 혼난 일이지만 '중국에서나 하지 어디서 하겠어' 하는 자기체면 속에 한 달에 800위엔 정도 주고 가정부를 고용했다. 덕분에 아내도 중국어며 중국화를 공부할 수 있었다. 여기에 비싼 택시비(기본요금이 1300원으로 우리나라와 비슷한 수준)와 전기세, 물세, 전화세, 가스세, 인터넷, 핸드폰 사용료 등을 합치면 거의 5000위엔 정도가 생활비로 들어간다.

또 전혀 예상하지 못했던 플러스 알파가 있었으니, 바로 비자 문제이다. 1년 이상 사는 사람에게는 거류증이 나오는데, 이것을 받기 위해 파출소와 출입국관리사무소를 오가면 몇 백 위엔은 그냥 들어간다. 칭화대학에 소속된 나는 X비자여서 1년에 한 번 비

출입국관리사무소.
비자 연기를 위해 3개월에 한 번 이곳을 찾아야 한다.

자와 거류증을 연장하면 되지만, 가족들은 L비자여서 3달에 한 번 비자를 연장해야 했다. 한 번에 1인당 150위엔씩이다. 그것도 혹시 기한을 어길라치면 최대 5000위엔의 많은 벌금을 내야 한다.

중국생활을 오래 한 사람들도 달력에 커다랗게 표시해 놓고 또 늘 긴장하며 주의한다고 하지만 한 번씩은 벌금을 내야 했던 그 아픈 기억들을 가지고 있는 것 같다. 우리 가족도 예외는 아니었다. 사스를 피해 한국에 들어왔다가 3개월짜리 L비자를 받아 다시 중국으로 갔다. 그리고 3개월이 지나 비자를 연장하러 갔더니 이미 기간이 지났다며 5000위엔 벌금을 내라는 것이다. 알고 봤더니 한국에서 받은 비자가 1개월짜리였던 것이다. 일주일 넘게

학교와 출입국관리사무소를 오가며 생전 안 써본 중국어를 열심히 외워 "정성껏 선처 바랍니다(請酌情處理)!" 연발했더니, 나중에는 정성이 통했는지 벌금을 3000위엔으로 깎아 주었다. 백화점에서도 물건값을 깎아준다더니 벌금도 할인해 주는 웃기는 나라라는 생각이 들었다. 그런 생각하니 구겨졌던 자존심이 조금은 만회가 되었지만, 적지 않은 돈을 그들이 정해 놓은 규정 때문에 꼼짝없이 내야 하는 속쓰림은 어쩔 수가 없었다.

처음 중국에 가면서는 넓은 중국대륙 곳곳을 가족들과 함께 헤집고 다니고 싶었지만 중국에 막 가서는 아이들이 어리다는 핑계로, 조금 지나서는 비용이 만만치 않다는 이유로 실천에 옮기지 못한 것이 지금도 아쉽다. 베이징근교를 제외하면 상하이, 쑤저

네이멍구의 소리나는 사막을 낙타를 타고 여행하던 모습.

어린이 놀이기구가 많아서 자주 찾던 집 근처의 조양공원에서.

우, 항저우, 난징 코스와 네이멍구 패키지여행이 전부인 셈이다. 거리에 따라 다르지만 가족이 한 번 4박 5일로 여행하면 보통 1만 위엔 정도는 들었던 것 같다.

의료비도 만만치가 않다. 최근에는 중국병원도 많이 좋아지고 있지만 아직도 시설이 열악하여 병원을 찾았다가 오히려 병을 얻을 것 같은 느낌을 완전히 떨칠 수가 없다. 그래서 한국병원을 찾게 되는데, 한 번 가면 최소 200위엔 정도가 든다. 중국에 교민이 30만 명에 달하고 있음에도 교육과 의료비에 대한 정부지원이 전무한 것이 현실이다.

수십 편의 당시(唐詩)를 줄줄 외우는 딸 민지 앞에서 '갈대'가 중국어로 뭔지를 몰라 행복한 망신을 당하던 베이징의 날들은 분명 우리가족 모두에게 즐겁고 의미 있는 발전의 시간이었다. 하지만 베이징살이는 비용면에서 우리가 생각하는 것처럼 그렇게 저렴하고 만만한 곳만은 아니다. 한국에서의 기본적인 생활수준이 있기 때문에 더욱 그러하다. 치밀한 계획과 준비가 있어야 할 것이다.

 중국인들에게 피해야 할 선물 세 가지

90년대 중반까지만 하더라도 중국친구들에게 라이터는 좋은 선물이 되었다. 그러나 급속한 경제발전으로 중국이 세계의 공장이 된 지금, 중국인의 기호에 맞는 선물을 선사하기가 갈수록 힘들어지고 있다. 한 가지 중국인들에게 선물해서 오히려 독이 되는 것들이 있으니 주의해야 한다.

우선 손수건이다. 눈물을 닦는다는 의미가 있어서 일반적으로 기피되는 선물인데 중국인에게도 적용된다. 둘째는 우산이다. 우산(傘)의 발음이 헤어진다(散)는 말의 발음과 비슷하기 때문이다. 셋째는 시계이다. 보통 손목시계는 괜찮지만 괘종시계 같은 벽시계는 안 된다. 시계를 준다(送鐘)는 말의 발음이 임종을 지킨다(送終)는 말의 발음과 같기 때문이다.

보통 선물을 줄 때는 쌍으로 주는 것이 좋고 중국인들이 선물을 두 세 번 거절하는 것은 통상적인 관례이므로 다시 권하여 전해주는 것이 예의이다. 포장지는 물론 붉은색을 쓰는 것이 좋다.

3. 고구려의 한, 강릉 단오제가 달래다

 우리나라가 강릉 단오제를 유네스코에 세계무형문화유산으로 신청한다는 소식이 2004년 4월 중순경 중국에 전해지면서 전통 절기 단오를 둘러싼 문화 논쟁이 뜨겁게 진행되었다. 중국 문화부가 주도하고 중국의 주요 언론이 대대적으로 지원한 단오절 수호 결의대회는 한국을 '문화약탈국'으로 묘사하며 한국과의 문화전쟁에서 승리하여 중국의 전통 절기인 단오를 수호하자는 비장한 문구가 등장하는 등 사뭇 엄숙한 분위기였다.

 세계문화유산 선정 경쟁에서 전통 그림자극을 이란에, 티벳의 전통가무와 음악을 인도에 빼앗긴 전철을 이번에는 되풀이하지 말자는 절박한 의지를 보였다. 단오에 대한 홍보와 중화사상에 입각한 전통적 민족주의가 한껏 고양된 상태에서 맞이한 2004년 단오절은 과연 예년과 다른 다채로운 풍모를 보여 주었다.

거리에서 쫑즈를 파는 아주머니. 한 개에 2위엔하는 쫑즈는 찹쌀 주먹밥 속에 대추나 고기 속이 들어 있다.

　　베이징에서는 100여명의 시인이 참가한 제1회 단오절 시짓기 대회가 열렸으며, 광동, 상하이, 청두 등 전국 각지에서는 용선대회, 쫑즈(粽子, 갈대잎으로 삼각형 모양으로 싼 찹쌀 주먹밥) 던지기 대회 등 단오와 관련한 민속행사가 다채롭게 개최되었다. 또한 길거리, 학교 등지에서 쫑즈를 무료로 나눠주며 단오에 대한 의미를 되새기게 하였다. 다분히 기획되고 가식적인 행사들이 많았다.

　　많은 신문들이 단오와 관련한 기사를 1면에 실었다. 특히 〈베이징완빠오(北京晚報)〉는 베이징위엔(北京語言) 대학에서 단오의 유래에 대해서는 잘 알지 못하는 한 한국 유학생이 "중국에서는 설날에 만두를 먹는 것처럼 단오에는 쫑즈를 먹어야 한다"고 미

6월 22일 단오날, 베이징완빠오 1면에 단오절 관련 기사가 실려 있다. 강릉 단오제를 세계문화유산에 신청하려 한다는 것에 대해 은근히 경계하는 내용이 담겨있다.

국친구에게 소개해주는 말을 인용하며 단오를 둘러싼 한국과의 불편한 관계와 자신들의 우월 의식을 간접적으로 표현하였다.

하지만 중국 정부와 언론의 대대적인 노력에도 불구하고 일반 중국인들이 단오에 대해 느끼는 감정은 그야말로 썰렁하다. 단오가 가까워지면 가게에 진열되는 쫑즈를 사서 먹는 것 외에 별다른 의미가 없다.

중국의 농촌에서는 그나마 전통 절기와 그 문화를 보존하려는 의식이 남아 있지만 경제적 어려움으로 잘 지키지 못하는 경우가 많고, 도시에서는 크리스마스나 발렌타인데이 같은 서양의 기념일을 중시하지 전통 절기에는 별 관심이 없는 분위기이다.

중국에서 말하는 단오절은 현재 중국에 남아 있는 풍습들을 유

고구려의 한, 강릉 단오제가 달래다   37

추해 볼 때, 초나라 때의 애국민족시인 굴원(屈原)을 기리는 것에서 유래했다는 설이 유력해 보인다.

초나라의 귀족 출신이었던 굴원은 초나라의 융성을 위해 외교적 역량을 발휘하다가 모략을 당해 정계에서 추방당하여 양자강과 동정호 일대를 떠돌아 다녔다. 경양왕 27년, 초나라가 진나라의 침략을 받아 수도 영이 함락되었다는 조국 침탈의 소식을 들은 굴원은 조국의 운명에 대한 분노와 비애에 싸여 음력 5월 5일에 돌을 품고 먹라수(지금의 상수의 지류)에 몸을 던져 62세의 나이로 순국했다.

애국 시인이자 사상가, 정치가이던 굴원을 존경하던 마을 사람들은 굴원의 시신을 찾기 위해 앞다투어 배를 저어 강가로 몰려 나왔는데, 이것이 후세에 전해지면서 굴원의 죽음에 애도를 표하는 의미의 용선 경주로 발전했다고 한다.

또한 후대 사람들은 훌륭한 인품을 지녔던 굴원의 시신을 물고기들이 뜯어 먹을 것을 염려하여 굴원이 죽은 날인 음력 5월 5일이 되면, 해마다 강가에 쫑즈를 만들어 던져주며 물 속에 잠긴 굴원의 시신을 물고기들이 뜯어 먹지 못하도록 했다는 것이다.

쫑즈는 단오 뿐만 아니라 간단한 아침 식사 대용으로 사시사철 판매되는데, 1~2위엔 정도로 값도 싸고 찹쌀이라 먹으면 속이 든든하여 늦잠을 잔 날이면 학교 매점에서 자주 사먹곤 했다.

단오(端午)의 단(端)은 처음의 의미이고, 오(午)는 곧 양(陽)의 숫자인 오(五)를 의미하니, 단오는 곧 음력 초닷새를 뜻한다. 그래서 단오절을 '단양절(端陽節), 단오절(端五節), 중오절(重五節)'이라고 부르기도 한다.

명칭이나 의의는 비슷하지만 중국의 단오절 풍습은 우리나라와는 사뭇 다르다. 특히 강릉 단오제는 쫑즈와 용선으로 대표되는 중국 단오의 단조로움에서 벗어나 가면극, 널뛰기, 씨름, 그네뛰기, 창포에 머리 감기 등 종합적인 전통 문화제로 승화시키고 있는 것으로 그 의미가 매우 높다.

중국이 그동안 문화유산 보호에 소홀했음을 인정하고 자국의 전통문화를 보존하려는 노력을 기울이는 것은 고무적인 일이나, 그 과정에서 지나친 배타성으로 한국 고유의 독창적 문화유산 자체를 폄하하려는 자세를 보이는 것은 옳지 못한 일일 것이다.

2005년 11월 25일, 삼국시대 이래로 천 년에 가까운 유구한 역사를 가진 전통민속축제인 강릉 단오제(端午祭, 중요무형문화재 13호)가 프랑스 파리에서 열린 인류무형유산 심사에서 인류 구전(口傳) 및 무형유산으로 선정되었다.

64개의 유산 중에서 43개가 선정된 이번 심사에는 18명의 심사의원이 참여했는데, 그 중에는 중국 측 심사의원도 1명 있었다. 2001년 종묘제례악, 2003년 판소리에 이어 한국이 3회 연속 선정되는 것에 심사의원들의 비판적인 시각이 많았다는 점을 감안하면, 이번 선정은 여러 면에서 그 의의가 크다고 할 수 있다.

2004년 고구려유적이 중국의 세계문화유산에 등재되면서 고구려사를 중국사의 일부로, 고구려인을 중국의 소수민족으로 해석하던 중국이 단오절에 대해서도 자신들의 문화적 전통이라고 공동 등재를 주장하며 우리나라의 단독 등재를 저지하려고 했다는 점에서 강릉 단오제가 고구려의 한을 조금이나마 달래주었다고도 할 수 있다.

중국은 단오의 성이 '중(中)'에서 '한(韓)'으로 바뀌었다며 안타까워하면서도 한국의 전통문화계승 노력을 높게 평가하고, 또 설, 정월대보름, 추석, 한식 등도 한국에 빼앗기는 것 아니냐며 긴장하는 분위기이다. 실제로 중국에서는 설 이외에는 거의 전통 절기를 찾아 볼 수가 없다.

산시(陝西)성 민속학회 자오위공(趙宇共) 부회장은 한국에게 설, 정월대보름, 추석, 한식 등의 전통절기를 단오절처럼 빼앗기지 않기 위해서는 정부차원의 민속학 보전과 발전 계획을 체계적으로 수립해야 한다고 역설했다.

중국 정부가 공자 등 전통문화 챙기기에 적극 나서는 상황에서 앞으로 설, 정월대보름, 추석, 한식 등 다른 전통 절기에 대한 한중양국간 헤게모니 쟁탈전은 더욱 치열해지지 않을까 싶다.

 '개' 대신 '거북이'?

베이징여행을 오신 학교선생님들을 모시고 왕푸징 근처를 걷고 있는데, 고구마장수들끼리 영역권을 놓고 싸움이 난 모양이었다. 무심코 지나가려는데 한 선생님이 다가와서는, "김선생! 그런데 왜 중국사람들은 '삐약 삐약' 거리면서 싸움을 해?"하고 묻는 것이다. 너무 노골적인 표현이어서 직접적으로 알려주기가 곤란해 그냥 '삐'가 여성의 생식기를 뜻하여 '삐약 삐약' 하는 것이라고 웃어 넘겼다.

한 가지 외국인이 조심할 것은 무병장수를 비는 길상으로 여겨지는 거북이가 중국어에서는 욕으로 쓰이기 때문에 주의해야 한다.

거북이는 중국어로 '왕빠(王八)' 혹은 '꿰이(龜)'인데, '거북이 알(王八蛋)'이나 '거북이 새끼(龜兒子)' 하면 아주 심한 욕이 된다. 거북이가 짝짓기를 할 때 암놈이 상대를 가리지 않고 교미를 한다는 것 때문에 상스러운 욕의 의미가 생겨난 듯 하다. 송나라 때까지 신성한 동물로 여겨져 오던 거북이가 원나라 때부터 입에 담지 못할 심한 욕으로 바뀐 것이다.

이 밖의 중국어 욕에는 '타마더(他媽的, 친구 마누라의 아들)', '샤삐(여성의 성기와 관련된 욕)', '얼바이우(二百五, 250일)', '스싼디엔(十三点, 13시)', '싼빠(三八, 3월 8일)' 등이 있다. 우리말로 '250일, 13시, 3월 8일'이 욕이 되는 셈인데, '250'은 엄마 뱃속에서 280일 정도 있다가 나와야 하는데 250일만에 나와 덜 떨어진 놈이라는 의미이고, '13시'는 밤늦게 돌아다니는 정숙하지 못한 여자라는 의미이며, '3월 8일'은 여성의 권익을 강조하는 중국 부녀자의 날인데 지나치게 사납고 심술궂은 여자에게 쓰인다.

4. 중국인의 성(姓)과 명(名)

　중국에서 역사적으로 사용된 적이 있는 성씨는 무려 2만 2천 개에 달한다. 오늘날 중국인들이 사용하고 있는 성씨는 3천 5백 개 정도이다. 그 중에서 가장 많은 성씨는 이(李), 왕(王), 장(張) 씨로 각각 7.9%, 7.4%, 7.1%를 차지하는데, 이 세 성씨의 총인구는 2.7억 명이다.

　이밖에도 유(劉), 진(陳), 양(楊), 조(趙), 황(黃), 주(周), 오(吳), 서(徐), 손(孫), 호(胡), 주(朱), 고(高), 림(林), 하(何), 곽(郭) 그리고 마(馬)씨 등 19개 성씨가 중국 전체 인구의 절반을 차지하고 있는 것으로 나타났다.

　원나라 때의 몽고족은 자신들의 통치에 반대하는 세력을 없애기 위해 가장 인구가 많은 상위 5개 성씨를 몰살시키려는 계획을 추진했으나 실제로 행하지는 않았다.

중국에서 성씨연구로 유명한 위엔이다(袁義達) 교수의 연구에 따르면, 성씨의 분포는 집성촌 등을 중심으로 지역적 편중현상이 크게 나타난다. 북방지역은 왕(王)씨가 9.9%를 차지하고, 남방지역은 진(陳)씨가 10.6%로 가장 많으며, 양자강유역은 이(李)씨가 7%로 가장 많다. 또한 광동성은 양(梁)씨와 라(羅)씨가 많으며, 부지엔(福建)성은 정(鄭)씨, 타이완은 채(蔡)씨, 공자의 고향인 산동성은 공(孔)씨가 많다.

위엔이다 교수는 5천 년 이상의 역사를 가지고 있는 중국의 성씨는 그 자체가 위대한 문화유산이며 중국사회의 발전과 진화의 소중한 흔적이라고 말한다. 일정한 규칙을 가지고 발전해 온 성씨는 사회적 발전을 가늠하게 하는 소중한 연구사료의 가치를 갖는다는 것이다.

이름은 태어난 사주팔자와 성씨에 따른 항렬과 돌림자에 따라 짓는 것을 기본으로 하였으나 시대에 따라 다양하게 변화되어 왔음을 알 수 있다.

공자가 아들을 낳자 노나라의 소공(昭公)이 잉어를 보내와 아들의 이름을 '잉어(鯉)'라고 지었다. 이렇듯 춘추전국시대에는 급격한 사회변화 속에서 하층민의 격의 없는 이름들이 유행했으며, 아무 의미가 없는 '之, 不'의 어조사들이 이름에 자주 사용되기도 했다.

한나라가 성립된 이후에는 안정된 왕권을 반영하는 안국(安國), 연년(延年), 천추(千秋) 등의 이름이 유행했다. 서한 말에는

베이징 이화원에서 관광객들의 이름이나 고사를 보도 블럭에 쓰며 붓글씨 연습을 하는 한 할아버지.

왕망(王莽)이 두 자의 이름을 금지함에 따라 외자 이름이 널리 사용되기도 했다. 우리가 읽는 삼국지의 인물 이름이 유비, 관우, 장비, 조조, 손권 등 외자인 것은 이 같은 이유 때문이다.

그러나 위진남북조시대에 이르러 같은 외자 이름들이 너무 많아지자 다시 두 자의 이름들이 생겨나게 된다. 음풍농월의 사대부들을 중심으로는 어조사 '之'를 넣는 것이 크게 유행했는데,

왕희지(王羲之), 고개지(顧愷之) 등이 바로 그 예이다. 또한 불교가 전래됨에 따라 불교 이름이 크게 유행하기도 했다.

송대 이후로 당대 율시의 영향과 사대부들의 고상한 취미가 어우러져 '성씨+항렬자+이름'이라는 작명의 기본 틀이 형성되었다. 이는 오늘날까지도 면면히 이어져 내려오고 있다.

1949년 건국 이후에는 건국(建國), 애국(愛國) 등의 이름이 많았으며, 중국이 한국전쟁에 참전하면서 항미(抗美), 원조(援朝) 등의 이름도 유행했다. 문화대혁명기간에는 마오쩌둥과 혁명을 의미하는 동(東)과 홍(紅)자가 유난히 많이 사용되었다.

우리나라에도 예쁜 한글 이름을 짓는 것이 유행했듯이 개혁개방 이후에는 듣기에 예쁜 천(倩), 정(晶), 원(媛), 영(潁) 등이 들어가는 이름들이 대거 등장했으며, 이전의 정치적인 색채 대신에 경제적인 풍요를 기원하는 화(花), 복(福), 재(財) 등이 들어가는 이름들이 많아졌다.

〈허삼관매혈기〉에 보면 허삼관의 아내 허옥란이 하소용과 바람을 피워서 낳은 첫째 아들 일락이 그의 친아버지인 하소용이 병에 걸려 위독한 상황에서 지붕 위에 올라가 아버지의 이름을 세 번 부르는 장면이 나온다.

사람이 살아 있을 때는 혼령이 늘 곁을 따라 다니는데, 병이 나거나 정신을 잃으면 그 혼령이 우리 곁을 떠난다고 믿었다. 그래서 중국의 민간풍습에는 이같이 떠나가는 혼령을 지붕에서 이름을 부르는 초혼의 풍습이 남아 있다. 이는 바로 이름, 즉 '名'을

'命'과 동일시했다는 증거이다.

그래서 중국에서는 예로부터 이름을 짓는 것을 운명을 결정짓는 중요한 일로 간주했으며 한 인간을 부르는 일정한 소리 진동이 그 사람의 인생을 바꾸어 놓을 수 있다고 믿어 왔던 것이다.

위엔이다 교수의 말처럼 중국의 성(姓)과 명(名)은 그 자체가 문화유산이며 중국사회의 발전과 진화의 소중한 흔적이다. 또한 일정한 규칙을 가지고 발전해 옴으로써 사회적 발전을 가늠하게 하는 소중한 사료적 가치를 지니고 있다.

학술대회 등에 참석하면 지도 교수는 동료 교수님들께 내 이름 '진따우(金大悟)'를 꼭 '진따쭝(金大中)'의 '진따', '쑨우쿵(孫悟空)'의 '우'라고 소개해 웃음을 자아내게 했다. 그리고 덩샤오핑(鄧小平)의 이름을 예로 들며 "이름은 겸손해야 하는데 크게 깨달으려면 어깨가 무겁겠어!" 하며 늘 농담을 건네시곤 하셨다.

 한자 컴퓨터 입력 생각보다 빠르다

　중국에 살다가 한국에 귀국해서 동료들이나 학생들에게 자주 받는 질문이 "중국어는 어떻게 컴퓨터에 입력을 하고 또 핸드폰 문자메시지는 어떻게 주고받느냐"는 것이다.

　컴퓨터와 핸드폰에 중국어를 입력하는 가장 기본적인 방식은 중국어발음을 영어식으로 변환해서 입력하는 것이다. 예를 들면 쭝궈어(中國)를 입력하려면 영문으로 'zhongguo'를 치고 엔터나 스페이스바를 누르면 된다. 여기에서 한 걸음 더 나가 자음 이니셜인 'zhg'만 치면 'zhg'로 시작되는 단어가 몇 개 번호와 함께 뜨는데, 그 중에서 해당되는 단어를 숫자나 방향키로 고르면 된다. 최근에는 한자의 부수로 입력하는 '우삐쯔싱(五筆字型)' 입력법이 개발되었는데 입력 속도가 상당히 빠르다.

　졸업논문을 쓰다보면 컴퓨터 워드작업을 해야 하는데 숙달이 되지 않아서 아무래도 시간이 많이 걸린다. 그래서 자필로 써서 타자를 맡기는데 1000타당 6위엔(800원) 정도 한다. 전문적인 타자수들은 우삐쯔싱 입력법을 사용하는데, 그 속도가 한글입력 못지 않게 빠르다.

　그러나 한글처럼 조합형이 아니기 때문에 발음이나 기타 입력법 등 전문적인 숙달과정을 거쳐야 하는 어려움이 있다. 한글이 얼마나 과학적이고 뛰어난 언어인지 새삼 느껴진다.

5. 연, 베이징 하늘의 무인우주선

중국의 선저우(神舟) 5호, 6호 유인유주선 발사 성공은 어쩌면 오래 전부터 있어 왔던 연날리기 문화에서 기인한 것은 아닐까. 중국의 연날리기는 현대화 과정에서 조금씩 사라지고 있지만, 여전히 중국인들에게 소중한 취미생활이자 생활오락으로 또 하나의 민간문화로서 뿌리깊게 자리잡고 있다. 베이징을 돌아 다니다 보면 시내 곳곳에서도 어렵지 않게 연 날리는 모습을 만날 수 있다.

연의 기원은 최소한 2000년 전으로 거슬러 올라간다. 한나라 때의 한신이 연을 이용하여 적과의 거리를 측량했다는 것이 최초의 기록이다. 이 밖에도 연을 이용하여 서신을 교환했다는 것과 남북조 시대에는 연에 매달려 높이 올라가 자살을 기도했다는 기록이 남아 있기도 하다.

매 모양의 연을 포함한 화려한 색깔과 다양한 형태의 연들.

  당나라 때부터 연은 이미 하나의 놀이도구로서 이용되었는데, 중국어로 연을 '펑정(風箏)'이라고 하는 것은 바로 연에 소리를 낼 수 있는 도구를 장착하여 놀이기구로 삼았다는 것을 말해주는 것이다. 당나라 이후에는 연이 세계 곳곳에 전파되었으며 라이트 형제의 비행도 중국의 연에서 아이디어를 얻은 것이라고 중국인들은 믿고 있다.

  중국 연의 종류는 새, 용, 고기, 사람 형상 등 그야말로 천차만별이다. 중국 연의 4대 생산지는 웨이팡(濰坊), 베이징(北京), 텐진(天津), 난통(南通)이며, 조(趙)씨, 정(鄭)씨 연 등이 유명하다. 웨이팡은 매년 4월 20일 경에 국제연날리기대회가 열리는 곳으로 산동(山東)지역 특색의 긴 꼬리를 가진 연이 유명하고, 베이징 연은 외형이 큰 '대(大)'자 모양으로 제비연이 유명하다. 또 텐진

긴 꼬리가 특색인 산동지역의 연.

연은 매, 곤충 등의 부드러운 날개모양이 많고, 난통은 정씨 연의 본고장으로 매 모양의 6각형 연으로 잘 알려져 있다.

연을 날리는 방법과 기술도 다양하다. 연에 소리가 나는 기구를 다는 것에서부터 여러 색의 전등을 달아 밤에 날리는 연도 있다. 톈안먼(天安門) 광장에는 이렇게 전등을 달아 늦은 밤에도 연을 날리는 사람들을 볼 수 있다.

연은 예로부터 동경의 대상이던 하늘, 그 곁으로 좀 더 가까이 가려는 인간의 소망을 담고 있다. 또 현실을 벗어나 또 다른 세계를 꿈꾸는 도전이며 무한한 자유의 상징이기도 하다.

연은 하나의 오락도구이면서도 다양한 심미적인 기능을 가지고 있기도 하다. 연은 그 자체로서 화려하고 아름다운 조형예술품이고, 그것이 바람을 타고 하늘로 비상하는 순간 하나의 과학적인 물리법칙에 따라 움직이는 비행물체가 되기도 한다.

연은 이렇게 정(靜)의 미와 동(動)의 미, 그리고 공간의 미를 동시에 갖고 있으며, 회화, 서예, 민속 공예, 과학 법칙 등 다양한 지식과 기술의 미학이 담겨져 있는 하나의 종합예술품이다.

베이징 우다오커우(五道口)에서 20년 넘게 연을 날려오고 있다는 왕(王)할아버지는 "현대인들은 모두 컴퓨터며 책을 본다고 가슴을 잔뜩 움츠리고 사는데, 나는 늘 연을 날리며 가슴을 활짝 펴고 시야를 푸른 하늘에 두기 때문에 자세도 바르게 되고 눈도 좋아진다"고 소개했다. 또 "하나의 실에 매달려 바람을 맞이하는 연을 보며 삶을 살아가는 이치도 깨닫고 집중력도 키워간다"고 했다.

베이징 시내에서도 연을 날리는 사람이 많기 때문에 비교적 손쉽게 연을 구할 수 있는 편이지만, 베이징 수도(首都) 공항으로 가는 징순루(京順路) 오른편으로 더욱 다양하고 값싼 연을 구입할 수 있는 쑨허(孫河) 연 시장이 있다. 이곳에는 3m가 넘는 연에서부터 10cm 정도 밖에 안 되는 연까지 다양한 연이 전시되어 있다. 제일 크고 비싼 연이라 해도 50위엔이면 살 수 있다. 실과 얼레는 따로 사야 하는데, 20위엔 정도에 구입할 수 있다.

쑨허에서 8년째 연 장사를 하고 있다는 장(張)씨 부부는 근래에는 연의 수요가 줄어 손님들의 발길이 뜸해지긴 했지만 선물용이나 장식용으로 연을 구입하는 고객이 늘어나, 그래도 하루에 10개 이상의 연이 팔린다고 한다.

베이징 쑨허 연 시장의 모습. 중국적인 강렬한 색채감이 느껴지게 한다.

변검의 인물형상을 하고 하늘을 나는 연.

    연 제조 기술을 전수 받으려는 젊은이들이 줄어들고 또 연날리기 문화 자체도 조금씩 현대화에 밀려나고 있지만, 그래도 아직 그 다양하고 풍부한 전통문화가 남아서 유지되고 있는 면모를 중국인의 연날리기에서 찾아 볼 수 있었다.

    나는 연이 갖는 조형미와 멋스러움에 흠뻑 빠져 10개 넘는 연을 샀다. 한국으로 귀국하면서도 경험 삼아 중국 연을 다량 구입하여 한강 고수부지나 공원 등에서 연을 펼쳐 놓고 팔아 보기도 했다. 그러나 많이 팔리지는 않았다. 우리나라에서 연 날리기는 이제 사라져가는 풍습이 되고 만 것인지, 아니면 우리나라 연이 아니어서 그런지 파란 하늘을 향해 마음껏 날개짓을 해야 할 연들이 우리집 아파트 베란다에서 잠을 자고 있다.

 풍류를 아는 베이징의 어느 택시기사

베이징에서 친구와 함께 택시를 탔는데, 택시기사 운전석 쪽에서 자꾸 이상한 소리가 나는 것이다. 벌레 울음소리 같은데 핸드폰 벨소리인가 해서 기사에게 무슨 소리냐고 물었더니, 품속에서 작은 유리병을 꺼내 보여주었다. 병 속에 귀뚜라미처럼 생긴 곤충이 들어 있는 것이다. 한 겨울인데 어디서 샀냐고 했더니 자기가 여름에 어미에게서 알을 채취하여 땅에 묻고 키워 부화시켰다고 한다.

그리고 다시 그 유리병을 돌려 받은 기사가 품속에 넣자 다시 소리를 내어 우는데 소리가 듣기에 좋았다. 추워서 꺼내 놓으면 울지 않지만 주인의 품에 안기면 온기를 느껴 다시 소리내어 우는 것이다. 온도에 따라 울음을 조절하는 것도 신기했지만 기사의 말이 더 걸작이었다. 자기는 비록 복잡한 도심 속에서 운전을 하지만 이 벌레울음 소리를 들으면 마치 초원을 달리는 것 같아 기분이 좋고 이 울음소리가 항상 자기의 건강을 지켜주고 행운을 가져다 준다는 것이다.

이처럼 중국에는 애완동물을 기르는 사람들이 헤아릴 수 없을 만큼 많다. 전국적으로 기르는 개, 고양이, 새, 귀뚜라미 등을 포함한 전체 애완동물이 약 1억 마리에 육박하고 있다. 산업화와 기계화에 따른 인간의 소외가 심화될수록 자신을 무조건적으로 믿고 따르며 곁에서 늘 친구가 되어주는 애완동물을 기르는 사람들이 많아진다고 하는데, 중국도 이미 그 길에 들어선 것일까?

6. 오페라 경극, 아는 만큼 즐긴다

베이징을 여행하는 사람이라면 만리장성에 오르고, 베이징카오야(北京烤鴨, 북경오리구이)를 맛본 뒤, '베이징 오페라'라고 불리는 경극을 관람하는 것이 빠뜨릴 수 없는 핵심 코스일 것이다.

경극은 중의학, 중국화와 함께 중국의 3대 국수(國粹)로 여겨지지만, 그 역사는 생각만큼 길지가 않다. 건륭제의 80번째 생일(건륭 55년, 1790년) 잔치에서 안훼이(安徽) 극단의 이황조를 기점으로 한다고 해도 200여 년, 1830년 산시(陝西)지방의 서피(西皮)곡조와 다양한 지방극의 정수를 흡수하여 베이징화한 완성도가 높은 진정한 의미의 경극 역사는 160여 년에 불과하다.

그럼에도 불구하고 경극이 대중적으로 생명력을 갖고 흥행할 수 있었던 데에는, 그 전 300여 년 동안 원의 잡극과 명의 전기를 이은 곤곡(昆曲)이 지나치게 난해하고 귀족적인 오락물이었던 데

베이징 라오셔차관(老舍茶館)에서 중국희곡학원 장톈정(張天正) 교수가 경극 강연을 하고 있다.

비해 내용이 이해하기 쉽고 서민적인 요소가 많았기 때문이었다.

중국 무대 공연의 최고 경지를 표현해내면서 고대 희랍의 희비극, 인도의 범극(梵劇)과 함께 세계 3대 고전극으로 불리는 중국의 경극! 그러나 그 고도의 상징성과 리듬을 타고 흐르는 대사 때문에 그 내용을 외국인이 이해하기란 여간 어려운 것이 아니다. 경극이 표현해내는 극의 전체적인 줄거리와 상징적 표현기법에 대한 이해가 없는 관객에게 경극은 왠지 느끼한 중국 음식처럼 금방 물리고 곧 지겨움의 고역을 감내하게 만드는 것이 사실이다.

경극이 갖는 마약 같은 매력은 어디에 있는 것일까? 청 말의 서태후는 정사를 멀리하고 왜 그토록 경극에 몰입했을까? 중국의 저명한 사상가 왕궤웨이(王國維)는 연극을 노래, 춤, 연기 그리고 이야기라고 정의한 바 있는데(戲曲是以歌舞演故事), 경극이 바로 이 같은 요소를 가장 잘 표현해 낸 예술 장르라는 것이다.

경극은 주로 노래로 표현되는데, 중국어의 음악성이 가락에 실려 아름다운 리듬이 된다. 생활을 반영하는 연기도 과장과 상징의 기법을 통해 극도의 아름다움을 표출해 낸다. 여기에 풍부한 전통문화원형이 극의 줄거리로 자리잡는다. 그리고 다양한 의상과 분장이 인물의 연기와 성격을 암시하며 화려한 시각적 효과를 이룬다. 이 모든 것들이 하나로 녹아 수준 높은 종합예술이 완성된다.

장텐정(張天正) 교수는 〈패왕별희〉를 예로 들며 "사면초가에 몰린 우희의 실제 모습은 전쟁에서 일그러지고 추한 것이 현실이겠지만, 경극은 그런 현실을 반영하면서도 현실보다 아름답게 형상화하고 다른 예술 장르가 도달하기 힘든 형식과 기법으로 우희의 내면을 보다 더 본질적으로 그려낸다"고 설명한다.

경극은 생활의 반영이면서도 그 삶의 본질을 과장하고 변형하여 결국 삶의 더 깊은 본질에 도달하고자 하는 변증법적 예술 장르라고 할 수 있다. 경극이 규정하고 있는 상징과 약속의 문턱을 넘어서기만 하면 무궁무진한 매력을 지닌 경극의 세계에 빠져들 수 있다는 얘기다.

경극은 일반적인 다른 공연예술과 달리 시간과 공간적인 제약을 뛰어넘는다. 실제로 무대에 말(馬)은 없지만 주인공은 상징적인 동작으로 말을 타고 초원을 질주하기도 하고, 배경의 전환 없이도 수시로 과거와 현재를 오가기도 한다. 또 경극이 하나의 완성된 이야기를 다 공연하는 경우도 있지만, 대부분은 긴 이야기의 한 대목을 보여주는 경우가 많다. 이럴 경우 공연되는 극의 전체 스토리에 관한 배경지식이 있으면 극의 분위기와 인물의 연기를 완전히 이해할 수 있다. 하여튼 이 모든 것은 경극이 정해 놓은 연기 동작의 상징성과 관객과의 묵시적인 약속이 있기에 가능하다. 외국인은 이와 같은 상징과 약속을 모르기 때문에 전체적

장톈정(張天正) 교수가 말에 올라타는 연기모습을 시범 보여주고 있다.

인 줄거리를 파악하기 힘들고 경극이 어렵게 느껴지는 것 같다.

경극의 인물 배역은 남자역의 생(生), 여자역의 단(旦), 강직한 캐릭터의 정(淨), 희극적 성격의 축(丑)으로 구분된다. 이를 '4대 항당(四大行當)'이라고 한다. 배우의 성격, 경험, 소질 등을 고려하여 정해지는데, 보통 한 번 정해지면 평생 그 연기를 해야 한다. 결국 '어린 아이' 역을 맡은 배우는 노인이 되어서도 그 '어린 아이' 역을 맡게 되는 셈이다.

남자역인 생(生)은 50세 이상의 중년 역의 노생(老生), 청년 역의 소생(小生), 어린아이 역의 왜왜생(娃娃生), 무술에 뛰어난 무생(武生), 문무를 겸비한 홍생(紅生) 등으로 다시 세분된다.

여자역인 단(旦)은 양가집 부인 역의 정단(正旦), 기생 역의 화

잠자리 꼬리 물을 적시다

단(花旦), 처녀 역의 규문단(閨門旦), 무술을 하는 여걸 역의 도마단(刀馬旦), 노파 역의 노단(老旦) 등이 있다.

중국희곡학원 학생들이 항당에 대하여 설명하고 있다. 항당에 따라 인물의 캐릭터가 선명하게 나누어진다.

한 가지 특이한 것은 '4대명단(四大名旦)'이라 불리는 매란방(梅蘭芳), 상소운(尙小雲), 정연추(程硯秋), 순혜생(荀慧生)이 모두 남자라는 사실이다. 중화인민공화국 수립 이전에는 여성이 배우로 되는 것이 금지되어 남자가 여장을 하여 그 단(旦)의 역을 맡았다고 한다.

강직한 캐릭터의 정(淨)에는 주로 영웅호걸 역의 동추화검(銅錘花瞼), 악한 역의 가자화검(架子花瞼), 무술 전문의 무정(武淨), 왕후장상 역의 정정(正淨), 간웅이나 대도 역의 부정(副淨) 등이 있다. 희극적 성격의 축(丑)은 크게 관리 역인 문축(文丑)과 무술을 행하는 무축(武丑)으로 구분된다.

이 배역은 인물의 성격과 분장에서부터 무대 위에서의 행동 크기와 목소리의 높낮이까지 전반적인 인물의 연기와 분위기를 결정하는 핵심적인 요소가 된다. 기초 교육과정을 마친 배우들에게 스승이 그 배우에 맞는 배역을 정해주는 것이 관례로 되어 있으나, 최근에는 배우들이 직접 자신의 배역을 결정하기도 한다.

4대항당으로 구분된 배우들은 노래하고(唱), 대사를 읊고(念), 동작과 기법(作), 그리고 무술(打) 등의 '창념작타(唱念作打)'의

문축을 맡은 학생이 수염의 용도에 대하여 설명하고 있다. 다양한 표정으로 희극적인 분위기가 물씬 풍기는, 전형적인 축의 분위기가 느껴지는 학생이다.

종합적인 연출 형식으로 자신의 배역을 소화해 나가게 된다.

경극에 다가가기 위해 또 하나 넘어야 하는 문턱이면서 경극을 볼 때 또 하나의 관전 포인트가 되는 것은 바로 분장과 의상 그리고 각종 소품들이다. 경극은 그 독특한 기호체계를 학습한, 약속된 관객에게만 그 심오한 깊이를 모두 허락하는 심연의 예술 장르인 셈이다.

경극은 화려한 의상과 섬세한 손동작, 간드러진 목소리와 현란한 무예, 그로테스크한 얼굴 분장과 조형미 넘치는 소품 등으로 공연무대 그 자체로서 이미 수준 높은 예술성을 갖는다. 이는 곧 각 지방극의 정수를 흡수하는 과정에서 취사 선택된 미적 가치들이 절묘하게 융합되면서 만들어진 것이라고 할 수 있다.

경극의 화려한 분장은 인물의 성격과 이미지를 파악하는 중요한 열쇠가 되면서 경극의 시각적 예술성을 극대화한다. 붉은색은 긍정적인 의미로 주로 충성과 용기를, 검은색은 중성으로 용맹과 지혜를, 황색과 백색은 부정적 의미로 흉악함을, 푸른색은 오만한 민간영웅을, 녹색은 용감하지만 난폭함을, 금색과 은색은 신비한 이미지의 신이나 귀신을 상징한다.

삼국지 관우의 적색분장은 위엄을, 조조의 백색은 배신을, 장비의 흑색분장은 정직과 힘을 나타낸다. 그리고 그 색깔은 칠한 부위와 크기에 따라 성격의 정도를 말해주며 인물의 내면적 성격을 시각화하여 관객들에게 알려주는 중요한 역할을 한다.

중국희곡학원 장톈정(張天正) 교수와 학생들은 경극의 다양한 동작들을 소개하며 그 의미를 설명해주었다. 창문을 여닫는 모습이나 계단을 오르내리는 동작, 채찍을 가지고 원을 그리며 말을 타는 동작, 무술 연기 등은 보면 쉽게 알 수 있으나, 실제 경극에는 도구를 활용한 다양한 상징적인 표현 방식이 있어 일반 관중이 이해하기는 쉽지만은 않다.

예를 들면 바퀴가 그려진 깃발을 드는 것은 수레를 타는 것을 의미하며, 네 명의 장졸이 무대에 횡으로 벌려 서는 것은 천군만마의 강한 부대를 나타낸다. 무대 위에서 벌어지는 배우의 추상적이고도 상징적인 연기와 관객의 상상력이 결합되면서 경극은 무대장치나 특별한 소품이 없이도 시공을 초월한 무한한 세계를 자유자재로 표현해낼 수 있게 되는 것이다.

CCTV-11에서 방영되는 경극의 한 장면.

경극의 의상은 주로 명대(明代)의 복장으로 인물의 신분, 지위를 알 수 있도록 조화롭게 디자인되며, 금은 오색의 실로 정교하게 수를 놓아 화려한 것에서 소박하고 아담한 것까지 선명한 색채의 대조를 이룬다.

실제 생활 용구를 장식, 제련하여 만든 각종 소품들은 실물보다 크게 만들어져 극적 효과를 배가시키며, 그 자체로 아름다운 공예품으로서 무대를 더욱 화려하게 한다.

경극에서 색채감이 넘치는 화려한 의상과 예술성 높은 소품 그리고 배우와 관객을 하나로 묶어내며 흥을 돋우는 반주를 음미하는 것도 빼놓을 수 없는 부분이다.

경극의 음악 부분을 문무장(文武場)이라 부른다. 배우들의 노래 부분은 관현악기로 이루어진 문장(文場)이, 극의 효과를 높이는 데에는 타악기로 이루어진 무장(武場)이 담당한다. 곡조는 온화하고 중후하여 서정적 표현에 적합한 이황과 활달하고 강한 느낌이어서 서사적 표현에 적합한 서피로 나뉘며 인물의 동작과 분위기에 따라 1/4박자와 1/2박자가 사용된다.

하지만 이처럼 가장 중국적인 맛을 풍기는 예술 장르이면서 중국 문화계의 선구자적 지위를 차지하고 있는 경극이지만, 그 속사정을 들여다보면 가히 '위기'라 불릴 정도로 대중적 기반이 취약하다. 정부의 대대적인 지원과 새로운 모색에도 불구하고 경극은 과거의 영화를 회복하지 못하고 있다.

40~50년대의 흥성했던 경극은 문화대혁명이라는 치명적인 단절의 시간을 겪고 난 후 대중들에게서 조금씩 멀어지기 시작하였다. 거기다가 다양한 미디어 매체가 등장하면서 젊은이들에게도 외면 되고, 그저 외국인들의 호기심을 자극하고 노년층이 즐기는 주변문화 정도로 전락하고 말았다.

물론 지금도 경극은 끊임없이 공연되며 중국인들의 사랑을 받고 있다. 문제는 과거 일반 서민에서부터 최고 통치자에 이르는 폭넓은 사랑이 아니라 돈 있는 상류계층에게만 향유되는 귀족문화로 사랑 받는다는 사실이다.

정부의 강력한 지원하에 경극이 지난 날의 명성을 회복하고 대중화에 성공할 수 있을지! 베

한 핸드폰회사가 경극을 활용한 인터넷 광고를 내보내고 있는 모습이다. 실제 경극에서도 다양한 현대화의 모색이 진행 되고 있다.(ⓒ 2005 인터넷 Sina)

이징에서 그나마 대중화된 경극의 일단을 볼 수 있는 곳이 라오셔차관인데, 앞자리에는 주로 외국인이 많이 앉아 있는 모습을 볼 수 있다. 지금 경극의 위상은 바로 오리엔탈리즘의 신비함과 호기심 수준이 아닐까 생각해 본다.

그러나 우리나라의 판소리는 뛰어난 유산임에도 불구하고 아무도 거들떠 보지 않는 것을 보면 그나마도 다행이라는 생각이 들었지만 말이다.

 〈패왕별희〉, 역사가 외면한 아름다운 패자, 항우

역발산(力拔山, 산을 뽑아들 만큼 힘이 센)의 기개를 가졌던 항우, 그러나 유방에 패하여 결국 해하(垓下)에서 최후를 맞이하는데, 자신은 전쟁에서 싸우다 죽는 것을 장수의 운명으로 받아들일 수 있지만 사랑하는 연인 우희를 차마 어쩌지 못하고 있었다. 그 항우의 마음을 읽은 우희가 항우의 칼집에서 칼을 꺼내 스스로 목숨을 끊는 장면은 경극에서도 가장 자주 공연되는 명장면 중의 명장면이다.

역사가 외면한 아름다운 패자의 가장 극적인 순간들을 포착하여 예술미를 극대화하여 상징적으로 보여주는 것이 바로 경극인 것 같다.

2003년 4월 1일 자살한 장국영(張國榮)이 우희역을 맡았던 영화 〈패왕별희〉는 가장 중국적인 예술장르인 경극을 통해 문화대혁명이 휘몰아치며 중국의 전통문화와 인간적인 정이 어떻게 파괴되어 가는지를 잘 그려낸 작품이다.

7. 베이징은 지하에도 만리장성이 있다

　백성들의 피땀을 쥐어짤 어마어마한 대공사들이 무소불위의 권력을 가진 전제 군주의 즉흥적인 명령 한 마디로 시작되었다는 것을 빗대어 흔히 하는 우스갯소리로 만리장성은 진시황의 "야! 싸!" 한 마디로, 이화원의 곤명호(昆明湖)는 서태후의 "야! 파!" 한 마디로 시작되었다고 풍자한다. 베이징 도심 지하에만 30km에 달하는 지하성이 있는데, 이것도 아마 마오쩌둥의 한 마디에서 시작되지 않았을까 싶다. "깊게 파! 안 무너지게!"
　1969년에 중국에서 무슨 일이 있었기에 마오쩌둥은 "깊게 동굴을 파고 양식을 비축하라!"는 구호를 외치며 지하갱도 구축 작업을 시작하게 된 것일까.
　대외적으로는 그 해 3월 2일 전바오다오(珍寶島, 다만스키섬)에서 발생한 국경분쟁으로 소련과의 전쟁위기가 고조되었고, 국내

베이징기차역 부근의 후통에 자리잡고 있는 베이징지하성의 입구. 땅속까지 파고든 '발칙한' 상상력이 놀랍다.

적으로는 문화대혁명으로 입지가 강화된 마오쩌둥이 홍위병을 앞세워 덩샤오핑(鄧小平), 리우샤오치(劉少奇) 등을 수정주의자로 몰아 숙청하고 다시 최고 권좌에 복귀하는 시점이었다. 마오쩌둥은 중소분쟁을 구실 삼아 "전쟁에 대비한 전쟁준비를 강화하라"고 지시하며 대약진운동 이후 흔들렸던 자신의 위상을 다시금 확고히 하고자 했다.

베이징지하성(北京地下城)은 1969년에 공사를 시작해 10년만인 1979년에 완공된 이후 1980년부터 외국인들에게만 제한적으로 개방되어 왔기 때문에 베이징의 택시기사들도 그 정확한 위치를 잘 몰랐다. 베이징역 근처에서 길을 물어 힘겹게 시따머창 후통(西大麼廠胡同) 안에 있는 작은 입구를 찾아냈다.

20위엔의 입장료를 내고 안내원을 따라 지하로 내려갔다. 지하에서 길을 잃을 것을 우려하여 가이드가 동행하며 설명을 해 주었다. 한국 관광객들이 많아서인지 한글로 된 안내표지판도 있었다.

베이징지하성 곳곳에 마오쩌둥의 동상과 사진 그리고 문화대혁명 당시의 노동화 등이 걸려 있다.

지하 8m 깊이에, 폭 2m의 갱도가 사방으로 뻗어 있다.

8m 깊이의 지하요새로 내려가자 제일 먼저 우리 일행을 반겨 주는 것이 '마오쩌둥'이다. 이 지하성의 총설계자격인 그의 초상화가 곳곳에 걸려 있다. 갱도의 폭은 약 2m정도인데, 현지가이드의 소개에 따르면 베이징의 도심부만 총길이가 약 30km에 달하는 둥청(東城), 시청(西城), 충원(崇文), 쉬엔우(宣武)구에 거미줄처럼 지하갱도가 연결되어 있다고 한다. 그리고 베이징역, 고궁, 왕푸징(王府井)은 물론 톈진(天津)까지 갱도가 연결되어 있다

가스유입을 막는 돌로 된 방호문.

는 것이다.

실제로 베이징 뿐만 아니라 중국의 주요도시 지하에도 이 같은 지하요새들이 남아 있는데, 현대화 과정에서 무너진 것까지 모두 포함한다면 만리장성보다 더 길 것이라고 한다.

통로에는 5m마다 안전등이 걸려있고, 그 중간에는 당시의 화생방 전용 장비들이 걸려 있다. 가스유입을 막기 위해 특수제작된 방호문도 보였다. 또한 지휘소, 무기고, 식량저장창고, 회의

문화대혁명 당시 공사가 진행되는 현장의 모습이 벽화로 그려져 있다.

실, 도서관, 간부휴게소, 영화관, 이발소, 화장실은 물론 70여 곳의 지하수와 2300여 곳에 특수제작 된 환풍기가 설치돼 유사시 30만 명이 생활할 수 있도록 치밀하게 설계되어 있다.

사방으로 가지를 치며 뻗어 가는 지하갱도가 미로처럼 펼쳐지는데, 원래는 주민구의 입구까지 모두 연결되어 있었다고 한다. 비록 많이 붕괴되었지만 지금도 이것을 지하창고로 이용하는 가구도 있다.

'인민전쟁'이라는 구호가 적힌 민병지휘소 근처의 벽화에는 땅을 파고 흙을 운반하고 있는 노동자들의 모습이 담겨져 있다. 최고 18m 깊이에 달하는 힘든 공정을 별다른 장비도 없이 온 몸으로 감당해야 했던 이들의 고통이 떠오른다.

베이징지하성에서 안내원으로 일하는 왕(王) 아저씨는 1969년 당시 중학교 1학년이었는데, 수업이 없는 토요일이나 일요일이면 공사장에 나와서 일을 해야 했다고 전한다. 그는 50대 이상의 베이징시민은 거의 땅굴파기 공사에 동원되었다고 했다.

베이징지하성 근처의 골목에서 만난 리(李) 할아버지는 기술공으로 지하갱도의 주축기둥 축조를 담당했었다고 했다. 당시 작업을 주도한 것은 '디푸반화이(地富反壞, 지주, 부농, 반혁명자, 우익)'로 불리는 반동분자들이었는데, 이들에게는 '노동개조(勞動改造)'라는 명분으로 암반지역이나 하천을 가로지르는 등 위험하고 힘든 과업이 주어졌다고 한다. 리 할아버지는 당시 건설업체의 국유기업에서 일하고 있었는데, 일주일에 하루나 이틀씩 땅굴파기 공사에 동원되어 하루 종일 일을 했으며 다른 사업 단위들도 대체로 비슷한 비율로 분담하여 교대로 일했다고 소개했다.

일을 하면서 혹시 불평과 원망은 없었느냐고 묻자 전쟁위기의 급박한 상황과 지식인들도 샤팡(下放, 농촌이나 노동현장에 가서 노동을 체험하는 것)되던 당시의 시대적 분위기를 소개하면서 "노동은 생존을 위한 불가피한 선택이었다. 그런 생각을 할 정신적인 겨를조차 없었다"고 말하며 담배를 피워 물었다.

진시황제의 '민족공동체적 상상력'이 만리장성을 연결하는 역사(役事)의 돌을 쌓아 올리게 했다면, 마오쩌둥의 문화대혁명이라는 '붉은 상상력'은 지하 만리장성의 흙을 파들어 가게 한 셈이다. 그러나 그 돌무더기와 흙무더기 아래 묻힌 수많은 민초들의 피와 땀은 상상하기 힘들만큼 거대한 것이었으리라.

거대한 문화유산, 그 메타포의 세계

중국에는 현재 모두 35개(문화유산27개, 자연유산 4개, 인류 구전 및 무형유산 4개)의 세계문화유산이 있다. 그 중에서 베이징 근교에 있는 7개의 세계문화유산에 치밀하고 격조 높게 담겨져 있는 수많은 메타포를 들추어 음미하는 것은 중국인의 문화와 사유세계를 엿보는 적지 않은 즐거움을 준다.

1. 거대한 권력의 집, 자금성

톈안먼(天安門) 광장에 서서 고궁을 바라보면 마오쩌둥과 눈이 마주친다. 1976년 9월 9일, 그가 죽은 날을 기념하여 그의 초상화 왼쪽에 '중화인민대단결만세(中華人民大團結萬歲)' 아홉 글자와 오른쪽에 '세계인민대단결만세(世界人民大團結萬歲)' 아홉 글자가 각각 적혀 있다.

1949년 10월 1일, 마오쩌둥은 지금의 초상화가 걸려 있는 바로 위, 그 자리에 서서 역사적인 중화인민공화국의 건국을 선포했으며 반식민치하에 있던 중국인들은 건국의 기쁨에 눈물을 흘렸다.

지하도를 이용해 넓은 도로를 건너면 톈안먼 앞에 금수하(金水河)가 흐른다. 그 위로 외금수교(外金水橋)라고 불리는 일곱 개의 하얀 대리석 다리가 있다. 그 가운데 황제만이 다니던 어로교(御

광장에서 바라보는 톈안먼의 모습과 금수하를 가로지르는 외금수교.

路橋)가 5.78m로 가장 넓게 자리잡고 있으며, 그곳에는 함부로 들어오지 말라는 위협의 의미로 창, 칼 등이 새겨져 일반인의 접근을 경고하고 있다.

외금수교 양쪽에는 화표(華表)라 부르는 500년 된 두 개의 큰 기둥이 서 있다. 그 기둥 위에는 황제가 밖에 나갔다가 산수(山水)의 멋에 빠져 돌아오지 않으면 어서 돌아와 국정을 처리하도록 권한다는 '후(吼, 용의 아홉 아들 중의 하나)'라는 전설의 동물 조각상이 남쪽을 바라보고 있다.

이 조각은 망군귀(望君歸)라고도 부르는데, 톈안먼 안쪽에 황제가 궁중에만 머물며 국정을 돌보지 않을 때 밖에 나가 민정을 살피도록 권하는 역할을 하는 망군출(望君出)과 함께 쌍을 이룬다.

또한 양쪽에 한 쌍의 돌사자가 있는데, 왼쪽에 놓여 있는 수놈

톈안먼 앞에 있는 단 아한 화표의 모습.

은 오른발로 구슬을, 오른쪽의 암놈은 왼발로 아기사자를 데리고 놀고 있다. 왕의 권력이 자자손손 이어지기를 바라는 상징적인 의미를 나타낸다.

황제만이 지나다녔다는 톈안먼의 가운데 문을 통해 들어가면 양 옆으로 문물전시관과 보위대의 훈련장면을 볼 수 있다. 그리고 그 단문(端門)을 지나면 세계에서 가장 큰 궁궐이 펼쳐진다.

고궁을 '자금성(紫禁城)'이라고도 부르는 것은 하늘의 명을 받은 황제가 거하는 곳이 곧 우주의 중심이라는 발상에서 우주의 중심인 자미성(紫薇星垣)에서 이름을 따온 것이라고 한다. 자(紫)에는 또 상서롭다는 의미가 있고, 금(禁)은 아무나 들어가지 못한다는 뜻이 통하고 있다.

거대한 권력의 집, 자금성

보위대의 훈련장면. 국기 게양과 하강식을 하는 보위대는 절도 있는 모습으로 관광객의 시선을 사로잡는다.

자금성은 1407년 명나라의 영락제(永樂帝)가 난징(南京)에서 베이징으로 천도하기 시작할 때부터 건립되어 1420년에 완성되었다. 명(明)대 14명, 청(淸)대 10명, 모두 24명의 황제가 580여 년 동안 천하를 다스렸던 고궁은 그 자체로 거대한 문화유산인 셈이다.

남북 약 1,000m, 동서 약 760m의 성벽으로 둘러싸여 있으며 둘레에 방어호를 파놓았다. 고궁에는 네 개의 출입구만이 있다. 4개의 궁문은 고궁의 정문이면서 남문인 오문(午門), 북문인 신무문(神武門, 원래는 현무문(玄武門)이었으나 강희제의 이름에 玄자가 있어 神으로 바꿈), 동문인 동화문(東華門), 서문인 서화문(西華門)인데, 네 모퉁이에 멋들어진 각루(角樓)가 서 있다.

78 거대한 문화유산, 그 메타포의 세계

단문(端門)을 지나면 세계에서 가장 큰 궁궐의 정문이라는 오문(午門)이 나온다. '좌청룡 우백호 전주작 후현무'의 원리에 따라 오문은 주작을 상징하며 오봉루(五鳳樓)라고 불리기도 하였다.

오문은 황제의 명을 거슬린 역린(逆鱗)의 죄수들을 처형하거나 황제가 조서를 발표하던 곳이었다. 오문에 있는 다섯 개의 아치형 문도 봉건계급의 철저한 신분제도를 반영하고 있다.

중앙의 통로는 황제의 전용 문으로 황제 외에는 혼례를 마치고 입궁하는 황후와 황제 앞에서 치르는 전시(殿試)에서 장원으로 합격한 자만이 이 문으로 출궁할 수 있었다.

황제를 알현하고 나가는 문무 백관은 동문을, 황실의 종친은

고궁의 남문인 오문. 오문까지는 무료로 관광할 수 있으나 오문 안으로 들어가려면 입장권을 구입해야 한다. 성수기 60위엔, 비수기 40위엔이다.

서문을 이용하였다. 황제를 알현하고 조회에 참석한 문무 백관의 수가 많거나 황제의 전시를 치르기 위해 온 거인(擧人)의 수가 많을 때에는 좌우의 액문으로 들어가도록 했다. 거인의 경우 석차에 따라 홀수는 동액문으로, 짝수는 서액문으로 들어가도록 했다.

태화문 앞을 유려한 곡선으로 흐르는 내금수교 아래의 물.

오문을 지나니 내금수교가 나온다. 내금수교 다섯 개의 다리는 각각 인(仁), 의(義), 예(禮), 지(智), 신(信)을 상징하며, 그 아래의 물은 황실의 권력과 천운이 밖으로 새어 나가지 말라는 의미로 고궁 내에서만 흐르도록 설계되어 있다.

내금수교의 가운데 어로교(御路橋)에는 아홉 마리의 용이 새겨져 있으며 하천을 파서 나온 흙을 쌓아서 고궁 뒤의 경산(景山)을 만들었다.

옥허리띠 모양으로 굽어진 내금수교를 지나면 2만 6천㎡의 너른 태화문 앞마당에 이르는데 내금수교와 멋지게 어울리는 그림이 된다. 그 너른 마당을 지키는 것은 또 청동으로 된 두 마리의 암수사자이다.

고궁 성내는 남쪽과 북쪽의 두 구역으로 크게 나누어져 있다. 황궁의 기본구조인 전조후침(前朝後寢)의 원리를 따라 남쪽은 황제가 정무를 보던 전외전, 북쪽은 황제의 사적인 생활을 위한 휴식공간인 후내전으로 나뉘어져 있다.

외전은 오문에서부터 북쪽 방향으로 태화문(太和門), 태화전(太和殿), 중화전(中和殿), 보화전(保和殿)이 배치되어 있고, 그 동서로 문화전(文化殿), 무영전(武英殿) 등의 전각(殿閣)이 날개처럼 펼쳐져 있다. 그 중 태화전은 남북 약 33m, 동서 60m의 위풍 당당한 건물로서 자금성의 정전(正殿)이며, 중요한 의식장으로 사용되었다.

내전은 황제의 사적인 생활을 위한 내정(內廷)으로서 외전의 보화전 북쪽에 있는 건청문(乾淸門)으로부터 건청궁(乾淸宮), 교태전(交泰殿), 곤녕궁(坤寧宮) 등이 북쪽으로 한 줄로 늘어서 있고, 그 좌경에 많은 건물이 있다. 내정은 1925년 이래 고궁박물원(故宮博物院)으로서 일반인에게 공개되어 중국 문화재의 전당이 되고 있다.

태화전은 외전 중에서도 황제의 즉위식, 원단(元旦) 같은 축제일의 제전(祭典), 조서 반포, 황태자의 탄생 축하, 황제의 생일 축하 등 중대한 국가행사를 거행하던 곳이다. 태화전은 이중처마에 높이가 35m, 면적이 2377㎡나 되는 중국 최대의 목조건축물이면서 최고 통치자의 위엄과 권력을 상징적으로 보여주고 있다. 또한 고궁 최고의 건축군을 이루는 태화전은 '工' 자 형태의 한백옥(漢白玉)의 3기단 위에 지어져 마치 구름 위에 떠있는 신선의 집처럼 느껴지게 설계되었다.

절대 권력의 위엄을 드러내주는 웅장한 태화전의 모습.

　　태화전이 올라앉은 3층 기단에는 정교한 조각이 새겨진 1488개의 돌기둥이 둘러 서 있고, 단 아래에는 1142개의 용머리 조각 배수구가 있다. 비라도 올라치면 천여 마리나 되는 용의 입에서 일제히 물을 토해내는 광경이 장관이다. 하얀 기단 위에 선 황제는 의식이 있을 때마다 향을 피워 나오는 푸른 연기로 그야말로 하늘의 명을 받은 천자처럼 보여지도록 하였다.

　　태화전 앞의 동, 서 양쪽에 동학과 동귀가 한 쌍씩 있는데, 이것은 황제의 무병장수를 기원하는 뜻이라고 한다. 태화전의 처마에도 선인주수(仙人走獸)라는 아홉 마리의 신령스럽고 길한 동물들이 황제의 안녕과 국가의 태평성대를 기원하고 있다. 맨 앞에 봉황을 탄 신선이 있으며, 그 뒤로 용(龍), 봉황(鳳), 사자(獅子),

황제의 무병장수를 기원하는 태화전 앞의 학과 거북이.

천마(天馬), 해마(海馬), 산예(狻猊), 갑어(押魚), 해치, 소(斗牛) 순서대로 배열되어 있다. 일종의 계급장 역할을 하여 많을수록 신분이 높은 건축물이 되는 셈이다.

보통 3, 5, 7, 9개로 처마에 장식이 되는데, 황제가 거하는 텐안먼, 단문, 건청궁 등에 9개가 장식되어 있다. 태화전에는 특별히 행십(行什)이라는 길상을 더하여 신선을 제외하고도 모두 10개의 길상이 있는 것을 볼 수 있다. 또 한가지 특이한 점은 고궁이 거의 목재로 건축되었기 때문에 화재에 매우 취약하여 선인주수 중에는 불을 잡아먹는 전설 속의 동물들이 많다는 것이다.

고궁은 주로 목재로 사용하였기 때문에 1407년 공사를 시작하여, 1420년 착공 13년 만에 완공하였다. 1420년, 주로 석재를 이

날아갈 듯한 태화전 처마 위에 내려 앉은 길상의 선인주수.

용하여 착공한 이탈리아의 플로렌스(Florence)성당은 11년이 지난 1431년에 단지 지붕만을 완성했으며, 프랑스의 개선문은 30년이나 소요된 것에 비하면 엄청나게 빠른 건축 속도였다. 전체 면적이 72만㎡이며 건축면적만 16만㎡인 것이나 중국인의 다지고 다지는 건축 문화를 생각해 볼 때, 그 빠른 건축 속도에 다시 한번 놀라지 않을 수 없다.

그러나 목재건축물의 커다란 약점이 있었으니, 바로 화재이다. 고궁은 완공 이후 400년 동안 24차례의 크고 작은 화재에 시달려 왔다.

고궁내에는 방화수 역할을 하던 많은 물항아리들이 있는데, 겨울에 물이 얼 것을 대비하여 불을 지필 수 있게도 치밀하게 설계

방화수통의 역할을 하던 금으로 도금된 청동 물항아리.

되어 있다. 그런데 아이러니컬하게도 그 철로 된 물 항아리가 파라블라안테나처럼 생겨 번개를 끌어들이는 역할을 하여 더 많은 화재를 불러왔다고 한다. 현재 남아 있는 태화전은 여러 차례의 소실과 재건이 반복되다가 청나라 강희제(康熙帝) 34년(1695년)에 재건된 것이다.

태화전 뒤로 황제가 큰 의식을 치를 때에 휴식하던 중화전(中和殿)이 있다. 이곳은 천(天), 지(地), 일(日), 월(月)단에 제를 올리기 전에 황제가 제문을 읽고 종자와 농기구를 확인하던 곳이기도 하다.

외전의 마지막인 보화전(保和殿)은 최고의 시험인 전시(殿試) 시험이 치러지던 곳이다. 보화전 뒤에는 '대석조(大石雕)'라는 길이 16.57m에, 무게 250톤의 고궁 내 최대의 석조 조각이 내려오는 계단 아래 끝까지 길게 계단 사이에 깔려 있다. 아홉 마리 용이 구름 속에서 노니는 평화로운 작품이지만, 이 거대한 돌을 운반하기 위해 인부 수 천명이 겨울에 땅을 파고 물을 대서 얼음길을 만들고 하루에 2km씩 돌을 밀어 200km가 넘는 거리를 운반해 왔을 것을 생각하면 감탄이 절로 나온다.

이 밖에 동서에 있는 문화전(文化殿)과 무영전(武英殿)은 황제의 서재 역할을 하던 곳이었으며, 청대에는 이곳에서 사고전서(四庫全書) 등이 편찬되기도 했다.

내전은 보화전 북쪽에 있는 건청문(乾淸門)으로부터 건청궁(乾淸宮), 교태전(交泰殿), 곤녕궁(坤寧宮) 등으로 이뤄져 있다.

내전의 시작을 알리는 건청문(乾淸門) 앞에는 또 금으로 만든 수사자가 문을 지킨다. 외전과 달리 황제의 일상업무와 휴식공간인 내전은 위엄과 웅장함을 필요로 하지 않는다. 내전은 기단도 거의 단층으로 되어 있으며 규모도 그리 크지 않은 것이 특징이다.

그러나 '수신제가치국평천하' 혹은 '화가위국(化家爲國)'의 원리처럼 외전은 곧 내전의 확대건축으로 해석되고 있다. 뒤늦게 지어진 교태전((交泰殿)을 제외한 황제와 황후의 침실인 건청궁(乾淸宮)과 곤녕궁(坤寧殿)의 동서 폭이 118m, 남북 폭이 218m로 6 : 11의 비율을 이루는데, 외삼대전도 동서폭 234m, 남북폭 437m로 6 : 11 같은 비율로 거의 두 배의 규모를 이루고 있는 것

86 거대한 문화유산, 그 메타포의 세계

건청궁 앞에 금으로 도금된 사자가 익살스럽게 여의주를 가지고 놀고 있는 모습.

은 이 같은 사실을 말해주고 있다.

고궁의 설계와 건축은 음양오행을 반영한 중국인의 우주관과 세계관의 발현으로 건축물 자체에 다양한 함의가 담겨져 있다. 외전의 3대전은 홀수로 양을 나타내며, 내전의 2궁은 짝수로 음을 나타낸다.

또 두 수를 합한 5는 세계를 이루는 金, 水, 木, 火, 土의 5원소를, 동, 서, 남, 북, 중앙의 5방위를, 궁, 상, 각, 치, 우의 5음을, 청, 황, 적, 백, 흑의 5색을 상징하고 있다. 고궁의 전체적인 색깔이 황색인 것은 바로 동서남북에 있는 청룡, 백호, 주작, 현무의 청, 백, 적, 흑이 있기에 중앙을 황색 유리기와로 채운 까닭이다.

숫자 중에서 가장 큰 수를 의미하는 9와 가운데를 뜻하는 5가

거대한 권력의 집, 자금성

순치제(順治帝)가 썼다는 正大光明 현판이 있는 건청궁의 내부 모습.

합해진 '九五'는 고래로 황제의 수로 여겨져 왔으며, 중국어에서 황제의 의미를 갖는다. 그래서 고궁 외3전의 남북 길이가 232m, 동서 폭이 130m로 양자의 비율이 9:5로 되어 있으며, 고궁의 전체면적 72만㎡와 건축면적 16만㎡도 바로 이 비율에 따른 것이다. 또한 고궁 안의 전체 방의 수도 9,999개와 거의 근접하게 만들어졌다고 한다.

어디 이것들뿐이겠는가. 아직 해독하지 못한 수많은 메타포들이 고궁 도처에 숨어있을 것이다. 안타까운 것은 이 위대한 건축물에 대한 설계도나 건축에 관한 기록들이 모두 소실되고 전해지지 않는다는 사실이다.

내전의 시작인 건청궁은 황제의 침실이면서, 명대에는 황제가 일상업무를 보던 곳이다. 건청궁 앞에는 돌로 된 해시계와 종자를 담아 두는 그릇이 있다. 시간의 흐름에 따라 씨를 뿌리고 거두어 천하를 태평하게 다스리라는 함의가 담겨져 있다고 한다. 그렇지 못하고 주색에만 빠졌던 명대의 가정제(嘉靖帝)는 이곳에서 잠을 자다가 스물 일곱 명의 궁녀들에게 포승 당하여 죽을 고비를 넘기기도 했다.

교태전은 명청대의 황후들이 생일을 지내던 곳이며, 곤녕궁은 명대 황후의 침실이다. 명나라의 마지막 황제인 숭정제(崇禎帝)의 황후는 이자성의 반란군이 고궁 안으로 침입해오자 이곳에서 목을 매달아 자결했으며, 숭정제는 경산으로 도망쳐 그곳에서 나무에 목을 매달고 딸과 함께 자결했다. 아직도 경산공원에는 숭정제가 목을 매단 나무가 푯말과 함께 남아 있다.

내전의 동서에는 황제의 애첩들이 거주하는 동육궁(東六宮)과 서육궁(西六宮)이 있다. 유명한 자희 서태후는 바로 서궁에 거했기 때문에 붙여진 이름이다. 이밖에도 내전에는 황제가 일상 정무를 처리하거나 황제, 황후, 태자, 기녀들이 독서를 하고 휴식을 즐기는 곳이 있다. 가장 유명한 곳이 양심전(養心殿)이다. 청대 옹정제(雍正帝)가 정무를 보며 살기 시작했으며, 서태후는 이곳에서 40년 동안 수렴청정을 하기도 했다.

고궁의 가장 북쪽에는 고전 황제원림의 정수를 느끼게 해주는 어화원(御花園)이 있다. 이 밖에도 고궁에는 중국의 3대 고전용벽의 하나인 구룡벽(九龍壁)을 비롯해서 역대예술관, 회화관, 도자기관, 명청공예관, 시계관, 문방사우

황실 원림의 정형을 보여주는 어화원에 있는 내시와 궁녀의 사랑 얘기가 담긴 연지목.

유리기와로 정교하게 만든 구룡벽의 모습.

관, 황실완구관 등 105만여 건의 고대예술진품들이 수장되어 있다. 이는 중국 전체 문물의 1/6에 해당되는 것이다.

1924년 11월 5일, 풍옥상(馮玉祥)이 마지막 황제 부의(溥儀)를 몰아내고, 1925년 10월 10일, 정식으로 고궁박물관으로 불려질 당시에는 지금보다 훨씬 더 많은 유물이 있었을 것이다.

1931년 만주사변이 일어나자 고궁내의 2,972건의 최고 유물들을 남쪽으로 옮겼으며, 이것들은 나중에 국민당정부에 의해 타이완으로 건너갔기 때문이다.

어쨌든 명(明)대 14명, 청(淸)대 10명, 모두 24명의 황제가 580여 년 동안 천하를 다스렸던 고궁은 그 자체로 거대한 문화유산인 셈이다. 24명의 황제가 오백여 년 동안 앉았던 태화전의 구룡금방울옥좌는 값으로 환산할 수 없는 가치를 지니고 있다고 할 것이다.

북문인 신무문을 통해 고궁을 빠져 나오니, 양옆으로 50m 너비의 호성하(護城河)가 흐르고 있다. 10m 높이의 높다란 성벽이 너무 삭막해 보여서 였을까. 고궁의 네 모퉁이에 십자형으로 들어간 모서리 마다에 돌출부를 낸 독특하고 복잡한 모양의 각루(角樓)가 아름답게 세워져 있다. 황제는 무엇이 그리도 두려워 이

방어호의 역할을 하던 호성하와 멀리 각루의 모습.

렇게 넓은 방어호와 높은 성벽, 심지어는 땅을 파고 침입할까봐 고궁의 바닥에 40여 장의 벽돌까지 쌓게 된 것일까.

  100만 명 이상이 동원되었을 것으로 추정되는 고궁의 건축은 전제왕정 절대권력의 유산이자 그 아래에서 피땀 흘렸을 수많은 민초들의 위대한 희생의 결과물이다. 석양이 고궁의 퇴색한 황금 기왓장 위를 넘어가고 있다. 명청대의 역사가 녹아 흐르며 중국의 건축정신과 건축수준을 한 눈에 보여주는 고궁은 1987년 세계문화유산으로 지정되었다.

 고궁에서 정사보다는 자연 속에서 풍류를 즐겼던 황제들

황제의 집무실이자 거처로서 어마어마한 규모를 자랑하는 고궁(자금성), 그래서 황제는 늘 고궁에 머물며 정사를 처리했을 것 같지만 실제는 그렇지가 않다. 1709년 강희제 때 건립되기 시작하여 건륭제 때까지 150여 년에 걸쳐 '모든 정원 중의 으뜸정원(萬園之園)'인 원명원이 완성되자 황제들은 주로 그곳에 머물렀던 것으로 역사기록은 전한다.

기록에 의하면 옹정(雍正), 건륭(乾隆), 가경(嘉慶), 도광(道光), 함풍(咸豊) 5대 황제가 원명원에 머문 기간은 일년의 절반 이상이나 되었다고 한다. 특히 건륭21년, 건륭제는 고궁에서 머문 날이 105일인데 비해 원명원에서 지낸 날은 168일에 달했고, 도광24년, 도광제는 원명원에서 274일을 머물렀고 고궁에서 지낸 것은 73일에 불과했다.

연암 박지원이 건륭제의 칠순잔치에 참석하기 위해 장마철 무더위와 싸우며 사력을 다해 고궁에 도착했지만 건륭제는 승덕피서산장에서 연회를 준비하고 있었고, 지칠대로 지친 사절단은 다시 승덕피서산장으로 가지 않으면 안 되었다. 물론 그 길은 박지원으로 하여금 유명한 《열하일기》를 쓰게 하는 중요한 모티브가 되기도 했다.

2. 천단, 천자(天子)와 천(天)의 커뮤니티의 공간

고대로 중국은 황제를 천자(天子)로 칭하였으며, 천자는 천명(天命)을 받아 왕위에 오른다고 여겼다. 그래서 황제만이 하늘에 제사를 지낼 권한이 있었다. 제천(祭天) 의식은 예로부터 국가의 중요한 행사로서 역대 황제에 의해 행해졌다.

명, 청대의 천자가 천(天)과 대화를 나누며 천(天)에 오곡풍양(五穀豊穰)을 기원하며 황제가 하늘에 제사를 올리는 의식을 행하기 위해 설치한 제단이 바로 천단(天壇)이다.

현존하는 천단은 베이징 외성(外城)의 남동쪽에 있으며, 약 6km의 성곽이 둘러져 있다. 자금성과 같은 시기(1420년)에 건축되기 시작했고, 그 규모는 고궁의 4배에 달한다. 명의 영락제에 의해 세워졌으며 청의 건륭제(1752년) 때에 개축돼 오늘날에 이르고 있다. 총체적인 설계나 치밀하게 계산된 의식의 조형들이

300여 년을 흐르면서도 변함 없이 통일성과 완성도를 지킬 수 있었던 것은 봉건사회의 저변에 흐르는 공통된 세계관에 힘입은 바가 크다고 하겠다.

총 면적이 273만㎡에 달하는 천단의 건축 배치는 '回' 자형으로 '하나의 중심축, 세 개의 단벽, 다섯 개의 건축군, 일곱 개의 산봉우리, 아홉 개의 단문'으로 구성되어 있다. 철저하게 양(陽)의 숫자인 홀수로만 구성되어 있음을 알 수 있다. 또 양의 대표수(數)이면서 황제를 상징하는 '9'(황제를 나타내는 용과 그 모양이 닮기도 하였다)가 건축물 곳곳에 반복적으로 사용되고 있다.

'하늘은 둥글고 땅은 네모나다(天圓地方)'는 것과 '하늘은 높고 땅은 낮다(天高地低)'는 원리에 따라 북쪽은 하늘에 해당되어 둥글고 높으며, 남쪽은 땅에 해당되어 네모나고 낮게 설계되었다.

천단은 크게 6416m의 외단과 3292m의 내단으로 이루어져 있는데, 의식이 거행되는 건축물은 해가 뜨는 동쪽에 자리 잡고 있으며 기본적으로 모두 둥글게 만들어져 있다. 제천의식을 할 때 황제는 정문인 서문으로 들어와 남천문을 통해 내단에 입장했다고 한다.

천단 안에는 원구(圓丘), 황궁우(皇穹宇), 기년전(祈年殿) 등의 건축물이 있다.

원구는 흰 돌(白石)로 3중으로 지은 대원구(大圓丘)로서 하늘을 본떠서 만든 것이다. 남천문에 들어서면 이 원구단(圓丘壇)이 둥글게 3단으로 자리 잡고 있다. 하나의 중심축의 남쪽 끝에 해당

'9'를 쌓아 만든 제단, 원구단의 전경.

되는 원구단은 원시 제천 의식을 계승하여 천자와 천이 아무런 장애 없이 노천에서 대화할 수 있도록 벽도, 기둥도, 지붕도 없다.

단순해 보이는 3단의 대리석 건축물인 원구단이지만, 그 이면에는 많은 상징적인 함의가 담겨 있다. 우선 3층으로 나눠진 3단을 오를 때, 매 층의 계단은 아홉 개로 되어 있으며 원구단 가운데 황제가 축문을 읽던 천심석(天心石)이 있다. 그것을 중심으로 감싸고 있는 대리석이 9조각, 다시 그 외곽을 감싸고 있는 돌은 18조각, 그 다음은 27조각, 제일 외곽의 돌은 81조각으로 철저하게 양과 황제의 수인 '9'가 반복적으로 사용되고 있다.

천심석은 자오선상에 위치하여 일종의 공명효과가 일어나도록

원심석을 중심으로 9개씩 늘어나는 대리석 조각을 확인할 수 있다.

설계되었다. 축문을 읽는 황제의 마이크역할을 하면서 황제의 기원이 하늘과 신하, 백성들에게도 울려 퍼진다는 의미를 지닌다고 하니, 그 치밀한 건축설계와 그것이 갖는 상징적 메타포는 우리가 감히 상상하기조차 힘들 지경이다.

황제가 하늘에 제사를 지내기 전에 보통 9일 동안 망등(望燈)을 높이 솟게 내걸고 향나무와 측백나무로 송아지를 구워 제단을 깨끗하게 하고 악을 몰아내며 신의 강림을 맞이했다고 한다.

황궁우(皇穹宇)는 제반 제천의식을 준비하고 하늘에 있는 바람과 구름, 해와 달 등 자연신의 위패와 역대 황제의 위패를 모셔둔 곳이다.

이곳 역시 특이한 것은 둥근 벽 가운데 공간을 두어 소리가 그

벽을 타고 다시 되돌아오게 설계되었다는 점이다. '회음벽(回音壁)'이라고 불리는 이 벽은 황제의 기원이 만백성을 휘돌아 하늘에 전달되도록 한다는 의미를 담고 있다.

공명효과를 통해 소리가 돌아오는 회음벽.

제문을 읽었다는 삼음석(三音石)도 석단에서 박수를 한 번 치면 첫 번째 석단에서는 한 번, 두 번째 석단에서는 두 번, 세 번째 석단에서는 세 번의 소리가 울린다고 해서 붙여진 이름이다. 둥글고 아담하면서도 대우주와 교감할 수 있도록 공명효과를 과학적으로 설계해낸 당시의 기술이 놀랍기만 하다.

황궁우를 나와 기년전(祈年殿)으로 향하는 길에 구룡백(九龍柏)이 있다. 한 그루의 측백나무인데, 그 뒤틀림이 마치 아홉 마리의 용이 승천하는 것 같은 모습을 하고 있어서 붙은 이름이다. 이뿐

가운데 길은 신의 기운만이 지나다닐 수 있는 길이고 황제도 왼쪽으로 걸었다는 단폐교의 모습이다.

만 아니라 천단공원의 대부분은 500년이 넘는 고목들이 드넓게 펼쳐진 녹림의 세계이기도 하다.

고목에 붙어 있는 표찰을 보면 그 나무의 수명을 가늠할 수 있는데, 붉은색으로 A로 시작되는 표찰은 500년 이상이고, 녹색으로 B로 시작되는 표찰은 300년 이상의 고목들이다. 녹림은 천하 만물의 풍요와 번식을 상징하며 측백나무는 제단을 더욱 깨끗하게 하고 사악함을 물리치는 기능도 있다고 한다.

천단의 두 중심축을 이루는 원구와 기년전을 가로지르고 있는 것이 바로 흰 대리석으로 된 360여m의 단폐교(丹陛橋)다. 4m 높이의 단을 쌓아 올린 이 통로에는 3개의 길이 있는데, 중앙의 길은 신도(神道)여서 신의 기운만이 지나다닐 수 있고, 무소불위의

푸른 기와를 입은 우산모양의 멋들어진 기년전의 전경으로 2008 베이징올림픽을 앞두고 현재 수리 중이다.

　권력자였던 황제도 좌측 길을 걸어 하늘을 알현하러 갔다고 하니 의식의 정성과 철저함이 다시 한 번 느껴지게 한다.

　기년전을 향해 갈수록 단이 조금씩 높아지는 것은 인간의 세계를 떠나 하늘에 가까워짐을 상징하며 360m는 1년 365일을 의미한다. 악대의 반주에 따라 나아감과 멈춤을 반복하며 기년전에 도착하게 된다. 단폐교의 중간쯤 왼쪽 아래 부분에 큰 코끼리상이 있다. 코끼리(象)의 발음이 '길상하다(祥)'는 의미와 발음이 같기 때문이다.

　단폐교를 지나 문을 열고 들어가면 푸른색 기와를 얹은 우산처럼 생긴 멋들어진 3층 건축이 나온다. 바로 기년전이다. 최초의 건축 당시 이름은 대향전(大享殿)이었다. 기와의 색깔도 맨 위층

신 앞에 무릎을 꿇는 황제를 위해 극도로 엄격한 조형기술이 사용되고 있는 기년전의 내부 모습이다.

만이 하늘을 상징하는 푸른색 기와였으며, 중간은 대지를 상징하는 황색, 맨 아래는 자연의 만물을 상징하는 녹색이었다고 한다. 건륭제(1752년) 때 재건되면서 기년전으로 개명, 모두 푸른색 기와로 지금의 모습이 된 것이다.

  기년전은 역시 천자가 하늘에 1년 한 해의 풍년과 태평안민을 기원하는 곳답게 엄격한 조형의 규칙이 적용되고 있다. 금으로 장식된 화려한 기년전 안은 세 부분으로 나뉘어진다. 가장 안쪽의 4개 기둥은 용주(龍柱)라고 불리우며 사계절을, 중간 12개의 주홍기둥은 12달을, 바깥쪽의 12기둥은 하루 12시간(時辰, 자시에서 해시까지)을, 이 둘을 합한 24개는 24절기를 상징한다. 그리고 기년전 꼭대기에 있는 둥근 하나의 꼭지는 번개신으로 천하통일을 의미한다고 한다.

하늘이 만물을 관장한다고 믿던 봉건사회에서 황제의 기원이 하늘에 전달되느냐 여부는 그야말로 국운이 걸린 중요한 일이었을 것이다. 건축의 조형도 그야말로 제천의 정성이 최대한 발현되도록 설계되었음을 알 수 있다.

바로 이곳에서 천자인 황제는 천하를 다스리는 하늘에 삼배구고(三拜九叩, 세 번 머리가 땅에 닿도록 하는 절을 세 번 반복하는 예)를 올려 천하의 태평과 풍년을 빌었던 것이다. 기년전의 양 옆에는 역대 제천 의식의 역사를 담은 서배전(西配殿)과 제천 의식 때 사용되었던 악기들이 진열된 동배전(西配殿)이 있다.

베이징올림픽 개최의 기원이 담긴 홍보물의 처음과 끝에 기년전의 모습이 담기고 또 베이징올림픽의 성공적 개최의 염원이 담긴 올림픽휘장 공개 제막식이 이곳 기년전에서 열린 것을 보면, 천단은 오늘날에도 중국인의 소망을 기원하는 곳으로 자리 잡고 있는 것 같다.

기년전에서 천단공원 동문으로 빠져 나오는 장랑(長廊)에 이르니, 중국의 전통악기인 얼후(二胡) 반주에 맞춰 노래를 하는 사람, 제기 차기를 하는 사람, 마작과 포커를 즐기는 사람들로 가득 차 있다. 그 중에도 한 할아버지가 측백나무 숲 사이에서 예사롭지 않은 솜씨로 연을 높게 날리는데, 천단 공원의 기운을 받아 푸른 하늘과 무언가 교감을 나누는 듯하여 오래도록 시선을 사로잡았다.

역대 총 211명의 황제, 평균 재위기간 10년

진시황제(BC 221년 즉위)로부터 마지막 황제 선통제 부의(溥儀, 1912년 퇴위)까지 2132년 동안 중국에는 모두 211명의 황제가 있었다. 평균 재위기간은 약 10년이며 역대 황제의 평균수명은 42세였다.

금(金)의 마지막 황제 완안승린(完顏承麟)은 옥새를 넘겨받고 하루 만에 몽고군에게 다시 그 옥새를 내준 반면, 청(淸) 건륭제(乾隆帝)는 63년(태상황제 3년 포함)간 재위하며 아들 17명, 딸 10명을 두기도 했다.

역대 황제들 중에는 유일한 여황제인 측천무후(則天武后), 미소년과의 동성애를 즐겼다는 한(漢) 애제(哀帝), 양귀비와의 스캔들로 유명한 당 현종, 경산공원에서 나무에 목을 매달고 자결한 명의 마지막 황제 숭정제, 청나라의 전성기를 구가한 부지런한 옹정제(雍正帝), 강희제(康熙帝) 등 다양한 특색의 황제들이 많았다.

3. 중국 전통 원림의 결정판, 이화원

　베이징의 서북쪽에 위치한 이화원(頤和園, 이허위엔)은 원래 12세기 금, 원대부터 황실의 휴식과 유람을 위한 정원이었다.

　1744년 건륭황제는 원명원을 짓고, 그 후기에서 더 이상 대규모 원림 토목공사로 백성들을 힘들게 하지 말라고 쓰고 있다. 그러나 빼어난 수경 원림에도 불구하고 원명원은 너무 평탄하여 산이 없으며 향산과 옥천산은 물이 없어 완전한 원림에 미치지 못한 것으로 여긴 건륭제는 원명원을 건립한 후 머지 않아 또 새로운 원림을 필요로 하게 된다.

　1750년, 건륭제는 모친의 회갑을 맞이하여 청의원을 개조하기 시작하였다. 서호 동쪽에 제방을 쌓고 서호를 대대적으로 확장하는 한편 연수사를 지어 모친에게 바친다. 또 건륭제는 하나의 여름 별궁으로 동편에 정사를 볼 수 있는 궁전을 짓고 옹산과 서호를 각각 만수산(萬壽山)과 곤명호(昆明湖)라 칭하였다.

1885년, 광서제의 아버지 혁현은 서태후에게 아부하기 위해 해군력 증강을 위한 예산을 유용하여 10년 동안 청의원을 더 확장 보수하고 '이화원'으로 개칭하였다. 그 후 서양연합군에 의해 파괴된 것을 서태후가 다시 보수하여 오늘날에 이르고 있다.

다시 말해서 이화원은 12세기 금나라 때 지은 작은 궁전을 시초로 명조(明朝) 중엽에 개조되고, 청조(淸朝)의 건륭제(乾隆帝)가 많은 전각(殿閣)을 세우고 만수산과 곤명호 등 정원을 꾸몄으며, 서태후(西太后)가 보수 확장하여 살았던 별궁으로 유명한 곳이다.

이화원은 크게 인수전을 중심으로 한 정치활동 공간, 옥란당과 낙수전을 중심으로 한 황제와 황후의 생활공간, 그리고 만수산과 곤명호를 중심으로 하는 풍경유람구역으로 구성되어 있다.

이화원은 주위가 약 8km, 총 면적이 290만㎡에 달한다. 그 중 수면이 3/4를 차지하며 세계에서 가장 큰 황실 원림이면서 중국 전통 원림의 원칙을 가장 완벽하게 구현해 내고 있는 정원으로 평가받는다. 또한 손으로 평지의 땅을 파서 거대한 곤명호를 완성하고 거기에서 나온 흙을 쌓아 만수산을 만들었으니, 중국문화가 보여주는 또 하나의 우공이산(愚公移山)이라고 칭할 만하다.

이화원의 정문인 동궁문에는 광서제가 친히 한 목공에게서 서예를 배워 썼다는 '이화원' 편액이 걸려 있다. 그 양 옆으로 청동 사자가 권력과 그 계승을 상징하며 나란히 서 있다. 동궁문부터

근처의 건축은 유리기와와 쌍처마 양식을 사용하지 않는 대신 강남의 곡선미를 살린 우아함을 잘 보여주고 있다.

동궁문을 지나 한어와 만주어로 쓰여진 인수문 양 옆에는 원숭이와 돼지 형상의 돌이 서 있는데, 각각 손오공과 저팔계를 나타내는 것으로 황제를 잘 보위하라는 의미를 담고 있다.

인수문을 들어서면 인수전의 정원에는 춘하추동 사계절을 상징하는 4개의 태호석이 놓여져 있다. 노인성이라 불리기도 하는 커다란 태호석이 가로막고 서 있는 것은 모든 중국 전통원림이 그러하듯 진정한 아름다움은 쉽게 그 모습을 드러내지 않는다는 의미로 정원의 안쪽 풍경을 가로막아 감추는 역할을 한다.

인수전은 서태후와 광서제의 여름궁전으로 논어에 나오는 '인

광서제가 '이화원' 편액을 써서 서태후에게 보여 주었는데, 서태후가 맘에 들어 하지 않았다. 이에 광서제는 한 목공에게 서예를 배워 다시 썼다고 한다.

인수전 앞 기린(위)과 용과 봉황의 모습(아래).

자수(仁者壽)' 구절을 인용하여 명명한 것이다. 인수전 내에는 '수협인부(壽協仁符)'라는 글귀가 적혀 있고, 정원에는 사슴 뿔, 용의 머리, 사자의 꼬리, 소의 발굽 형상에 온몸에 비늘과 불꽃 무늬가 새겨진 기린이라는 길상이 놓여 있다.

기린은 성인이 이 세상에 오기 전에 나타난다고 믿는 상상의 동물로 원래 원명원에 한 쌍이 있던 것인데, 1860년 제2차 아편전쟁 때 하나는 영불연합군에 훼손되고 하나만 이화원에 남아 있다.

인수전 앞에는 청동으로 만들어 황제를 상징하는 용과 황후를 상징하는 봉황이 놓여져 있다. 서태후가 48년 동안 수렴청정을 통해 황제보다 강력한 권력을 장악했음을 말해주듯이 봉황은 상좌에 두발로 서 있고 용은 그 옆에 한 발을 들고 서 있는 것을 볼 수 있다.

또한 인수전 앞의 물항아리와 용과 봉황에는 '천지일가춘(天地一家春)'이라는 글귀가 새겨져 있다. 함풍황제가 세상에서 서태후가 가장 아름답다는 의미로 하사한 것인데, 서태후가 이를 기념하여 새겨 놓은 것이다.

이는 서태후의 수유기간에 함풍제가 네 명의 미인을 사랑했는데, 후궁 서태후가 심한 질투로 소동을 일으키자 함풍제가 이를 무마시키기 위해 어쩔 수 없이 선물한 것이라고 한다. 실제로 서태후는 미인으로 뽑혀 궁궐에 들어가긴 했으나, 초상화를 보면 미모가 그리 출중하지는 않다. 오히려 남성다운 기백과 야심이 엿보이는 얼굴상이다.

인수전을 지나면 원대의 유명한 정치가인 야율초재(耶律楚材)를 모신 사당이 있고, 곤명호 옆으로 지춘정이 호수와 멋진 조화를 이루며 서 있다. 그 옆으로 문창제를 기리는 문창각이 자리잡고 있다.

옥란당은 광서제(1871~1908)가 섭정을 하던 서태후에게 감금되었던 곳으로 근현대사의 흔적을 느낄 수 있는 곳이다. 서태후 여동생의 아들, 즉 서태후의 외조카인 광서제는 4살에 왕위에 올랐다.

자신의 회갑잔치 준비를 위해 당시 아시아 최고의 해군유지비

광서제가 유폐되었던 옥란당. 관광객들이 황제가 사용하던 유물들을 구경하고 있다.

를 도용하면서도 외세에 대해서는 무저항 원칙을 고수하고 있던 서태후에 비해, 광서제는 1894년 청일전쟁 패배 후 서양 열강에게 끊임없이 침탈 당하는 현실을 개혁하기 위해 강유위, 양계초, 담사동 등과 함께 유신변법운동을 추진했다.

1898년 6월 광서제는 군권을 장악하고 9월 원세개를 만나 서태후와 군벌 제거를 논의하지만, 원세개는 이 사실을 서태후에게 밀고한다. 결국 서태후는 9월 21일 "광서제가 건강이 좋지 않아 모든 권력을 자신에게 일임한다"는 거짓 조서를 발표하고, 담사동과 유광제를 사형에 처하고 광서제를 옥란당에 유폐시킨다. 무술정변은 이렇게 103일 천하로 끝이 나고, 광서제는 옥란당에서 감금된 채 지내다가 38세의 젊은 나이로 생을 마감한다.

옥란당 밖에는 모자석(母子石)이 서 있다. 광서제가 혈육의 정을 저버린 것을 괘씸하게 생각한 서태후가 그를 저주하기 위해 세워 놓은 것이라고 한다. 미물인 돌도 혈육지정이 있는데, 광서제가 친족의 정리를 저버린 것에 대한 저주라는데 영문을 모르는 돌덩이만 말없이 입구에 서 있다.

옥란당 옆으로 부속건축물인 이예관이 있다. 이는 광서제 황후의 거처이다. 광서제 황후 진기는 광서제의 변법을 지지하고 아주 총명하여 서태후에게는 눈의 가시 같은 존재였다. 결국 서태후의 미움을 받아 고궁에 있는 우물에 빠져 죽는다.

옥란당 뒤쪽으로 있는 덕화원은 서태후가 경극을 관람하기 위해 1891년부터 1895년까지 은화 71만 량을 들여 만든 중국 4대 경극 극장 중의 하나이다. 무대에는 신출귀몰하는 경극의 효과를 위해 천장에 7개, 바닥에 6개의 특수장치가 있으며 음향과 외경 등이 절묘하게 배합되어 지어졌다.

그리고 이곳에는 1905년에 그려진 일흔 한 살의 서태후 초상화가 있다. '청춘은 늘 거기에(靑春常在)'의 의미로 젊은 중년의 서태후상으로 그려져 있다. 서태후는 이화원에 온 다음 날부터 거의 빠짐없이 경극을 관람했으며, 특히 생일을 지낼 때면 생일 전 3일부터 생일 후 5일까지 9일간을 계속해서 경극 관람으로 보냈다고 한다.

경극극장 덕화원 안에 있는 서태후 그림.

자희 서태후의 침실은 낙수당으로 정무를 보고 일상생활을 하

낙수당과 그 앞의 병, 학, 사슴상. 그 발음이 순조로움을 상징하는 화평로(和平路)와 같다.

던 곳이다. 서태후의 화려한 황후 생활이 주로 이곳에서 이뤄졌다. 식사할 때에는 항상 3개의 식탁이 준비되었다. 하나는 먹을 것, 하나는 보는 것, 하나는 장식용 식탁이었다.

한 끼 식사에 요리의 종류가 산해진미 요리 128종, 반찬 30종, 주식 60종이었다고 하며, 이는 은 60량에 해당하는 것으로 만 명의 농민이 하루를 생활할 수 있는 양이었다고 한다. '서태후의 한 끼가 농민의 몇 년 양식'이라는 말이 전혀 과장이 아님을 알 수 있다.

그러면서도 태평성대를 구가하길 바랬던지 낙수당 앞에는 학(鶴, 허)과 병(瓶, 핑)과 사슴(鹿, 루) 동상이 각각 한 쌍씩 놓여 있는데, 그 발음이 화평로(和平路, 순조로운 인생의 길)와 같다.

서태후가 머물던 낙수당은 또 중국에서 처음으로 전등이 사용된 곳이기도 하다. 1903년 독일의 한 상인이 돈을 벌 목적으로 전등을 중국에 들여오려 했으나 서태후의 반대로 성사되지 않았다. 그래서 이 상인은 이연영이라는 환관을 매수하여 미리 낙수당에 전등을 설치했다.

서태후가 밖에 나갔다가 돌아와 전등을 보고는 "웬 가지를 이렇게 많이 달아 놓았느냐?"하고 물었다. 환관은 불을 켜 보이며 이것이 바로 전등인데, 안전하고 깨끗하며 서태후에게 복과 장수를 더해줄 것이라고 설명했다. 이에 만족한 서태후는 전등 수입을 허락했고, 이 때부터 중국 전역에 전등이 사용되기 시작했다는 것이다.

낙수당 남쪽에는 패가석이 있는데, 여기에도 사연이 있다. 명대에 미만종이라는 사람이 지금의 베이징대학 자리에 화원을 꾸몄는데, 수석 모으는 것을 아주 좋아해서 베이징 서남 교외에서 멋진 돌을 발견하고 베이징대학으로 옮겨오려 했다.

고대에 돌을 하나 옮기려면 우선 수로를 파고 거기에 물을 대어 얼게 한 다음 많은 사람들을 동원하여 운반해야 했다. 그 과정에서 미만종은 모든 가산을 탕진하여 그 돌을 길가에 버려 두게 되었다. 그 후 청대 건륭황제가 그것을 발견하여 수로로 이화원에 옮겨왔다는 것이다.

그러나 건륭제의 어머니는 그것을 보고 이 돌이 미씨 집안을 망하게 한 것처럼 우리 집안도 망하게 할 것이라며 좋아하지 않

설경이 아름다운 이화원의 모습.

았다. 실제로 청나라는 건륭제를 정점으로 슬슬 망해가기 시작했으며, 서태후에 의해 청대는 완전히 망하였으니 패가석의 이름이 과연 그럴 듯하다.

낙수당 옆에는 서태후의 오른팔이었던 이연영의 거처인 영수제가 있다. 이연영은 서태후를 기쁘게 하는 재주가 아주 뛰어났다. 서태후의 생일에 덕을 쌓는다는 의미의 방생 행사를 했는데, 서태후가 새장의 문을 열어도 새가 날아가지 않고 날아 갔다가도 다시 새장으로 돌아오더라는 것이다.

그것을 보고 이연영은 서태후의 덕이 하늘보다 높고 그 은혜가 바다보다 깊어 새들도 그 곁에 머물고 싶어한다며 아부를 했다. 그러나 서태후는 새가 새장의 먹이에 길들여진 때문 아니냐며 그다지 좋아하지 않았다.

그러자 이연영은 서태후에게 그럼 물고기들을 한 번 방생해 보라고 하고, 만약에 이번에도 물고기들이 되돌아온다면 자기 말을 믿겠느냐고 한다. 서태후가 그의 말을 듣고 다시 한 번 물고기떼를 방생했는데, 정말 서태후가 서 있는 물가에 물고기들이 계속 머물며 떠나지 않더라는 것이다. 이에 서태후는 크게 기뻐하며 이연영을 더욱 총애하게 되었다. 이연영은 물고기들을 굶긴 상태

아름다운 그림으로 장식 된 장랑의 모습. 오른편의 불향각으로 시선을 유도하기 위해 왼쪽으로 굽어지는 부분이다.

에서 서태후가 방생하는 물가에 미리 보이지 않는 먹이들을 뿌려 놓았던 것이다.

이화원의 절경 가운데 또 하나의 백미는 '천간낭하(千間廊下)' 라고 불리는 바로 장랑이다. 대칭형으로 이루어진 만수산 아래의 건축구조를 하나로 연결해주는 역할을 하며 세계의 화랑 중에서 가장 길고 아름다운 것으로 평가받고 있다.

동쪽 요월문에서 서쪽 석장정까지 총 길이가 728m, 모두 273 칸으로 되어 있으며, 중간에 유가, 기란, 추수, 청요의 팔각정자는 춘하추동 사계절을 상징한다. 또한 강가와 산발치를 돌아가는 건축양식은 강호의 멋과 산색을 조화시킨 것으로 단조로움을 극복하기 위해 굴곡의 꺾임을 두었다. 시야가 넓어지는 것을 이용

서태후의 생일연이 베풀어지던 배운전과 불향각을 배경으로 제자들과 함께.

하여 기막힌 절경을 감상할 수 있도록 치밀하게 설계된 것이다.

기둥과 천장에는 전통적인 채색화, 인물화, 풍경화, 산수화, 화조도 등 역사, 신화, 전설을 담은 그림들이 1만 4천여 폭이나 그려져 있다. 그것을 감상하면서 걸으면 거리감을 느끼지 못하고 마치 그림 속을 거니는 것만 같다. 특히 눈, 비가 올 때 호수에 떨어지는 빗소리를 들으며 걷노라면 마치 신선의 세계를 걷는 듯한 느낌이 든다.

장랑의 중앙에 위치하며 만수산의 중심축을 이루는 배운전은 하늘과 신의 세계로 상징되는 불향각 아래에 위치하여 왕의 권력이 신으로부터 전수되었음을 보여준다.

배운전은 명대에 지어졌다가, 청 건륭제가 모친의 축수를 빌며

개축하였으나, 영불연합군에 의해 완전 훼손된 것을 서태후가 1887년 재건하여 자신의 생일연회장으로 사용하던 곳이다. 그래서 배운전 안에 놓여있는 대다수의 물품들은 서태후가 생일 선물로 받은 것들이다.

1894년 10월 1일, 서태후의 60번째 생일을 맞이하여 당시 청일전쟁 중임에도 불구하고 생일잔치를 위해 은화 540량을 탕진했는가 하면, 비단실로 장식한 1만7천여 마리의 말로 베이징과 텐진을 오가며 축하퍼레이드를 벌이기도 했으니 그 부패상을 가히 짐작할 수 있다.

서태후는 1835년 백두산 부근에서 태어난 만주족이었다. 17세에 미인으로 선발되어 입궁한 후 청나라 7대왕인 함풍제의 눈에 들어 황비가 되었다. 1861년 함풍제가 죽자 6살 아들인 8대왕 동치제를 등에 업고 수렴청정을 시작했으며, 동치제가 19살에 죽자 외조카인 4살 순치제를 왕위에 오르게 하여 48년 동안이나 최고 권력자의 자리에 군림했다. 1908년 74세의 일기로 생을 마감했다.

불향각은 궁전형식과 유리기와로 권위를 갖추고 있는데, 곤명호와 함께 이화원의 주요 경관을 이루고 있다. 또 산문과 대전 그리고 불탑을 중심으로 산정까지 종교건축군인 전륜장, 오방각이 있으며, 유희와 휴식을 위한 건축군인 청리관, 화중유, 경복각 등이 지어져 있다.

41m 높이의 거대한 석조 기단 위에 우뚝 솟은 불향각은 그것

창틀은 서산의 경치를 빌려와 이화원 풍경을 더욱 돋보이게 하며 그것을 한 컷의 사진으로 고정시켜 놓는다.

이 천계를 상징하는 바와 같이 이화원 전체를 한 눈에 굽어내려다 보고 있으며, 멀리 서산의 탑과 아름다운 경치를 하나의 창틀에 빌려 담아내어 그야말로 절경이다.

곤명호는 도교의 일수삼산(一水三山)의 원칙에 따라 세 부분으로 나뉘어져 있으며, 각각 신선의 섬인 봉래, 방장, 영주를 상징하는 인공섬이 만들어져 있다.

또한 항저우(杭州)의 서호를 본 따서 만든 동제(東堤)와 서제

거대한 문화유산, 그 메타포의 세계

(西堤)에는 17공교, 옥대교, 명교, 명경루 등이 호수와 아름다운 조화를 이룬다. 특히 길이가 150m나 되는 17공교는 황제가 배를 타고 곤명호를 유람할 때, 그 아래를 지나다녔는데 좌우에서 세었을 때 모두 황제의 숫자인 '9'가 되게 하기 위해 일부러 17개의 구멍을 만들었다는 데서 유래한 이름이다.

동으로 만든 소 조각상 동우와 17개의 구멍이 있어 이름 붙여진 17공교.

17공교 옆에는 동우(銅牛)라는 동으로 만든 소 조각상이 있다. 치수에 성공한 우왕이 저수지에 동우를 바쳐 수재를 막은 것에서 유래했다는 설이 있다. 또 이화원을 거대한 우주로 보았을 때, 동우는 곧 견우를 상징하며 이화원 서편의 전원풍경은 직녀를 의미하여 1년에 한 번 황제의 은혜로 배운전 아래에서 견우와 직녀가 만난다는 의미를 담고 있다.

또한 곤명호에는 불향각 아래로 길이 36m의 석방이라는 돌로 만든 배가 있다. 이는 1755년 만들어진 것으로 청황조의 무궁한 발전을 의미한다. 배는 하나의 왕조를 상징하며, 물은 그것을 떠받들고 있는 민중을 상징한다.

영원히 침몰하지 않을 돌로 만든 배 석방.

민중은 늘 배 아래 몸을 굽히고 배를 떠받들어 항해하도록 하지만, 그 배가 방향을 잡지 못하고 표류할 때는 몸을 일으켜 배를 전복시키고 새로운 배를 띄우기도 한다. 그러나 이 배는 돌로 만들어졌기 때문에 영원히 침몰하지 않고 물 위에 군림할 것이라는 의미를 담고 있다.

눈 내린 불향각의 모습.

불향각에서 바라보는 이화원은 시선이 미치는 어느 곳 하나 흠잡을 데 없는 절경 그 자체이다.

불향각 안에는 천수천안관음상이 모든 사람들의 소망과 아픔을 어루만져 줄 것처럼 많은 손을 벌리고 서 있다. 불향각

거대한 문화유산, 그 메타포의 세계

만수산 뒤의 불교 건축군. 소수 민족을 어우르는 역할을 하고 있다.

뒤쪽으로는 지혜해와 군향계가 있다. 이는 가장 높은 곳에 위치해서 후산의 불가의 세계로 넘어 가는, 즉 해탈의 의미를 담고 있는 관문이다.

후산에는 강렬한 종교적 색채와 신비감을 갖게 하는 건축군이 있는데, 불교에서 말하는 4대(땅-地-사각형, 불-火-삼각형, 바람-風-반달형, 물-水-원형) 원칙에 따라 다양한 건축양식들이 펼쳐져 있다.

후산 중앙의 대규모 불교건축군들은 서장민족과의 단결과 우애를 위해 지어진 것이라고 한다. 산을 내려오면 쑤저우지에(蘇州街)가 있는데, 건륭제가 강남의 풍경을 좋아하는 어머니를 위해 '동방의 베니스'라 불리던 쑤저우의 강변 상업가를 모방하여 만든 것이다. 1860년 영불연합군에 의해 훼손된 것을, 1990년에 복원한 것이다. 길이가 300m이며 18세기 중국의 상업문화를 조금이나마 맛볼 수 있다.

만수산의 전경이 개방적이고 웅장한 기세라면, 후경은 절제되고 고요한 멋을 간직하고 있다. 또한 곤명호의 물은 권력의 누수를 막는 뜻에서 정(靜)하고, 그 외곽을 흐르는 물은 권력의 전승을 기원하는 의미에서 동(動)한다.

이화원이 보여주는 거대한 규모와 완전함은 전제권력의 위용과 무자비함을 다시 한번 드러내는 것이지만, 예술의 결정판으로 불리는 이화원의 수려한 모습에 그저 감탄하지 않을 수 없다.

아름다운 폐허, 원명원

원명원은 베이징 서쪽 교외의 이화원 동쪽에 자리잡고 있다. 원명원은 최소 150만 건 이상의 문물이 보관되어 있었던 것으로 사료되지만 영불연합군에 의해 약탈된 이후 아직도 거의 대부분의 문화유산을 되찾지 못하고 있다. '아픈 역사를 잊지 말고 기억하자'는 의미로 지금도 폐허의 모습 그대로 유지하고 있다.

최근 복원이 거론되고 있어 '모든 정원 중의 으뜸정원(萬園之園)'이라는 옛 명성을 되찾게 될지도 모르겠다. 원명원의 가장 큰 특징은 복해(福海) 등 물을 중심으로 하는 수경원림으로 조성되었다는 점인데, 최근 호수의 누수문제를 해결하기 위해 호수 밑바닥에 방수공사를

원명원은 1860년 제2차 아편전쟁 때 영국군의 약탈과 1900년 프랑스군의 방화 등으로 그 잔해만 남아있다. 폐허가 된 장춘원(長春園)의 서양루(西陽樓) 모습(위)과 원명원의 부서진 돌 아치 (아래).

했다. 그것이 수초나 물고기 등 해양동식물의 생태계를 파괴한다는 주장과 장기적으로 생태계 보호에 도움이 된다는 주장이 대립하면서 뜨거운 환경논란을 불러일으키고 있다.

4. 황제의 여름 피서지 '승덕피서산장'

　　승덕피서산장(承德避署山莊, 청더피서산장)은 말 그대로 황제가 더위를 피하기 위해 만든 이궁(離宮)이다. 그러나 그 이면에는 4월에서 9월까지 피서와 유희를 즐기면서도 무위이치(無爲而治, 아무것도 하지 않으면서도 천하를 다스리다)의 수준 높은 정치적, 군사적 함의가 담겨 있다.

　　정치적으로는 소수민족들의 종교 사원을 축조함으로써 황하 일대를 차지하려는 서번(西番, 티베트 지역) 등을 회유하여 민족의 대화합을 도모하고, 군사적으로는 몽고의 전초기지이자 전략 요지인 열하(熱河, 겨울에도 뜨거운 물이 쏟아졌다고 하여 붙여진 승덕의 옛이름)에 황제가 거하면서 몽고를 견제하려는 목적이었다.

　　1780년 8월 13일, 건륭제의 고희 생일 잔치가 승덕피서산장에서 있을 때, 박지원(1737~1805)이 사신 행렬에 동행하여 유명한

〈열하일기〉를 쓴 중심 무대가 된 곳이기도 하다.

　1703년 강희제가 만들기 시작하여, 1790년 건륭제 때까지 87년에 걸쳐서 완성된 승덕피서산장은 약 170만 6천 평으로 이화원의 2배, 고궁의 8배이다. 규모 면에서 최대일뿐만 아니라 이화원과 함께 가장 완벽한 원림예술의 결정판으로 평가받고 있다.

　황실의 별장이면서도 권위와 화려함을 버리고 절제와 소박함을 바탕으로 산뜻하면서도 청아한 자연미를 느낄 수 있다. 고궁의 화려함이 그야말로 느끼한 전통 중국 음식 같다면, 피서산장은 정갈하고 깔끔한 한국 음식 같은 느낌이 든다.

　연암이 하룻밤에 아홉 번 강을 건너며(一夜九度河) 4박 5일이 걸린 베이징에서 승덕까지 256㎞를 버스는 보통 4시간에 주파한다. 경승(베이징과 승덕 구간)고속도로가 공사를 하고 있었고, 국경절 연휴가 겹쳐 6시간을 달려 승덕에 도착할 수 있었다.

　황제와 6대 달라이 라마 판첸을 제외하고 모든 관료들이 말에서 내려야 했다는 하마비(下馬碑)를 지나면 승덕피서산장의 정문인 여정문(麗正門)이 나온다. 비석과 편액에는 소수민족을 회유하고 어우르기 위해 축조된 성격에 알맞게 만주족, 몽고족, 한족, 장족, 위구르족의 언어가 함께 표기되어 있다.

　여정문은 10㎞성벽의 일부이면서 9개의 문 중에서 5번째로 구오지존(九五之尊, 황제의 존귀한 지위를 나타냄)의 의미를 담고 있다. 문이 세 곳 있는데, 황제와 황후만 가운데 문으로 출입이 가능하고 문동무서(文東武西, 문관은 동문, 무관은 서문으로 출입한

승덕피서산장의 정문인 여정문의 모습이다. 황제는 가운데, 문관은 동문, 무관은 서문으로 출입하였다.

다)의 규칙이 적용됐다. 입구에는 1994년 세계문화유산으로 지정되었다는 표지가 붙어 있다. 덕분에 30위엔이던 입장료는 90위엔으로 올랐다.

피서산장은 궁전구(宮殿區), 수원구(水苑區), 평원구(平原區), 산구(山區) 등 4개의 구역으로 구성되어 있다.

궁전구에 있는 강희제가 직접 쓴 피서산장의 편액은 일부러 피(避)자에 한 획(一)을 더하여 '천하통일'의 의미를 담아 황제의 권위를 나타내고 있다.

내오문 앞에 놓인 금사자는 일본군의 총탄

내오문 앞의 금사자. 일본군의 총탄 흔적을 그대로 간직하고 있다.

124 거대한 문화유산, 그 메타포의 세계

강희제가 직접 쓴 피서산장(避暑山莊)의 편액은 일부러 피(避)자에 한 획(一)을 더하여 '천하통일'의 의미를 담고 황제의 권위를 나타내고 있다.

흔적을 그대로 간직하고 있어 승덕피서산장이 일본에 의해 약탈되고 훼손되었음을 상징적으로 보여준다. 또 이 내오문 앞은 박지원 일행이 약소국의 울분을 삼키며 건륭제에게 치욕적인 삼배구고(三拜九叩)를 했던 곳이기도 하다.

내오문을 들어서면 소나무가 가득 심어진 중정(中庭)이 나오고 담박경성전(澹泊敬誠殿)이 자리하는데, 마치 숲 속을 거니는 것 같은 착각이 든다. 권위적인 면모를 배제하고 대자연에 귀의한 궁전의 편안함이 느껴진다. 역사 사료에서는 이를 '모차토감, 불채불화(茅次土坎, 不彩不畵)'라 하여 초가집 흙 둔덕으로 채색이나 장식을 하지 않았다고 기록하고 있다.

운남에서 운반해 온 벌레가 먹지 않는 남목(楠木)으로 축조된 담박경성전은 건륭제가 86, 87, 89세 때에 각각 썼다는 현판이

벌레가 먹지 않는 남목(楠木)으로 축조된 담박경성전은 권위적인 면모를 배제하고 대자연에 귀의한 편안함이 느껴진다.

걸려져 있으며, 전통 한옥을 보는 듯 그야말로 담박하고 절제된 멋이 있다. 담박경성전이 대외 사신을 알현하고 공식적인 행사를 치르던 곳이라면, 그 뒤에 있는 사지서옥(四知書屋: 知微, 知彰, 知柔, 知剛, 작은 것과 큰 것, 부드러운 것과 강한 것을 안다)은 황제가 대신을 불러 놓고 일상적인 정무를 처리하던 곳이다.

그곳을 지나면 전궁후원(前宮後苑)의 원림 원칙에 따라 정무를 보던 궁전과 정원을 이중문턱으로 구분하고 있다. 여성은 전궁으로는 출입할 수 없었다고 한다. 전궁과 후원 경계에는 석고(石鼓)가 있는데, 분실을 우려하여 돌덩어리에 기록을 남긴 중국인들의 역사 사료 보전의 철저함을 엿볼 수 있다.

일상 생활을 하던 후원에서 특이한 것은 승덕이 여름에도 24도를 넘지 않아 얼음을 보관하는 창고가 있었으며, 황제의 거처에 얼음 보관 항아리가 있어 냉장고 역할을 했다는 것이다.

건륭제가 쓴 주원사(珠源寺)의 '해장지륜(海藏持輪)' 편액은 장(藏)자에 2획이 빠져 있으며(강희제가 避의 한획을 더해서 손자인 건륭 자신은 2획을 뺐다고 함), 1944년 일제에 의해 건륭제의 인장이 도굴된 흔적을 볼 수 있다.

건륭제가 쓴 '해장지륜(海藏持輪)' 편액, 장(藏)자에 2획이 빠져 있고 일제에 의해 건륭제의 인장이 도굴된 흔적을 볼 수 있다.

또 연파치상(煙波致爽)이라는 침실은 강희, 건륭, 가경, 함풍이 거주하였고, 가경제가 병으로 죽은 곳이기도 하다. 이곳은 중국

연파치상(煙波致爽) 침실은 강희, 건륭, 가경, 함풍의 거주지였으며, 베이징조약 등 굴욕적인 조약이 조인된 곳이기도 하다.

황제의 여름 피서지 '승덕피서산장'

의 영토와 주권을 영국, 프랑스, 러시아에게 할양하는 베이징조약, 베이징중영조약, 아이훈조약 등 굴욕적인 조약이 조인된 곳이기도 하다. '국치를 잊지 말자(勿忘國恥)'는 문구가 옆 벽에 붙어 역사적 교훈을 전하고 있다. 후궁이 드나들었다는 작은 쪽문 옆에 서태후의 거처 서소(西所)도 자리잡고 있다.

궁전구의 마지막에는 이층으로 된 운산승지루(雲山勝地樓)가 있어 수원구와 산구의 풍경을 한 눈에 조망할 수 있다.

승덕 피서산장의 궁정구를 벗어나면, 서호와 강남의 풍경을 옮겨놓은 수원구(水苑區)와 몽고초원을 연상시키는 평원구(平原區), 그리고 광활한 동북지역과 신강과 서장지역을 떠올리게 하는 산구(山區)가 눈 앞에 펼쳐진다.

산구는 황제의 사냥터로 이용되던 곳이라 사슴들이 노닐고 많은 꿩과 야생동물들이 서식하며 목가적인 정취를 더한다. 울창한

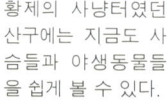
황제의 사냥터였던 산구에는 지금도 사슴들과 야생동물들을 쉽게 볼 수 있다.

라싸의 포탈라궁을 축소해 놓은 수미복수지묘.

숲 속의 구불구불한 산길을 걸어 올라가다 보면 기암괴석과 운치 있는 정자들이 어우러지며 만들어내는 멋진 풍경에 매료되지 않을 수 없다. 산구의 정상 성벽을 돌며 피서산장 주변의 아름다운 경관을 둘러보는 것은 그야말로 신선의 세계를 거니는 것과 같은 즐거움이 있다.

특히 티베트 라싸의 포탈라궁을 축소해 놓은 수미복수지묘(須彌福壽之廟)와 건륭제의 60번째 생일에 초대된 6대 달라이 라마 판첸을 위해 지었다는 보타종승지묘(普陀宗乘之廟)가 바로 눈 앞에 내려다보이는 성벽 위의 풍경은 절경 중의 절경이다.

피서산장 인근 동북쪽에는 모두 12개의 사원이 자리잡고 있는데, 피서산장이 담박한 자연미를 추구하고 있다면 이 사원들은 오히려 색채가 화려하고 장중한 멋을 간직하고 있다. "사원 하나가 10만 병력을 막아낼 수 있다(一寺能抵十萬兵)"는 말을 통해 알 수 있듯이, 청 황조가 이민족을 교화하기 위해 의도적으로 그들의 종교적 사원을 성대하게 재건해주고 있는 것이다. 북부 초원의 몽고족과 남쪽의 장족 등의 소수민족을 경계하면서 그들의 종교사원에 대한 예우를 통해 그들을 어우르려는 고도의 통치전략이 담겨져 있는 것이다.

12개의 사원은 외팔묘(外八廟)로 불려지는데, 부인사(溥仁寺), 부선사(溥善寺), 보락사(普樂寺), 안원묘(安遠廟), 보녕사(普寧寺), 보우사(普佑寺), 수미복수지묘, 보타종승지묘, 수상사(殊像寺), 광안사(廣安寺), 나한당(羅漢堂), 사자원(獅子園) 등을 말한다. 보녕사, 보우사, 안원묘, 보락사 등의 건축군 전반부는 한족식으로, 후반부는 서장식으로 조성되어 한족과 소수민족의 통합이라는 함의를 잘 재현해 내고 있다.

외팔묘는 '하늘을 옮기고 땅을 축소하여 황제의 품 안에(移天縮地在君懷)'라는 원칙에 따라 설계되어 각지 최고의 종교건축물들을 수준 높게 재현해 놓고 있다. 멀리로는 경추봉(磬錘峰, 일명 봉추산, 천하 제일의 남근봉으로도 통함)의 절경과 가까이로는 피서산장의 우아함을 빌려(借景) 그 아름다움을 더한다.

특히 보녕사에는 높이 22.23m의 거대한 목조 천수천안관음보살상이 있으며, 보락사에는 만다라 모형 안에 성교를 하는 듯한 남녀쌍신상(男女雙身像)의 상락왕불이 안치되어 있기도 하다.

산구에서 내려와 평원구와 수원구를 거닐다 보면 몽고와 강남

의 쑤저우와 항저우에 온 것 같은 착각이 든다. 중국의 전통 원림의 법칙에 따라 물, 나무, 다리, 돌, 정자가 하나로 어우러지며 자연미와 인공미가 수준 높게 조화를 이룬다. 일상의 스트레스를 떨치기 위해 피서산장을 찾았던 나처럼 황제도 어쩌면 이곳에서 피서를 즐겼다기보다 어지럽고 번민으로 가득 찬 세상을 피하려고(避世) 했던 것은 아닐까. 중국의 현실 생활 속에서는 좀처럼 체험할 수 없는, 어느 곳 하나 흠 잡을 데 없는 깔끔한 풍경 속에서 황제와도 같은 최고 품격의 휴식을 마음껏 누리게 된다.

수원구의 깔끔한 풍경. 피서산장은 이화원과 함께 엄격한 고대원림 예술의 진수를 잘 보여준다.

 열하(승덕) 가는 길, 박지원은 도대체 무엇을 본 것인가?

박지원이 참여한 조선사절단은 1780년 8월 13일 건륭제의 칠순잔치에 참여하기 위해 5월 한양을 출발하여, 6월 압록강을 건너 찌는 듯한 무더위와 장마철의 엄청난 폭우를 뚫고, 8월에 기진맥진 베이징(北京)에 도착했다.

그런데 황제는 열하(승덕)에 있었고 시간에 쫓긴 박지원 일행은 전쟁과 같은 무박 4일의 강행군을 하게 된다. 그 길 위에는 건륭제에게 줄 선물을 챙긴 인도, 동남아시아 등 각 국 사절단들이 뒤섞여 동행하고 있었으니, 그야말로 각 국 문화의 가장행렬인 셈이었다.

이질적인 것들이 뒤섞인 그 도가니 속에서 박지원은 분명 날카로우면서 여유 있는 해학의 시선으로 그것들을 응시하고 또 자신의 것으로 녹여 흡수하고 있었던 것이다.

무뚝뚝하게 생긴 마흔 넷의 박지원이 열하 가는 길에 생전 처음 본 코끼리를 묘사한 글을 읽으며 나도 뭔가 새로운 시선과 생각을 갈고 닦는 연습을 해야겠다는 다짐을 하게 된다.

그 몸뚱이는 소 같고 꼬리는 나귀와 같으며 약대 무릎에, 범의 발톱에, 털은 짧고 잿빛이며 성질은 어질게 보이고 소리는 처량하고 귀는 구름장같이 드리웠으며 눈은 초생달 같고 두 어금니는 크기가 두 아름은 되고 길이는 한발 넘어 되겠으며 코는 어금니보다 길어서 구부리고 펴는 것이 자벌레 같고 코의 부리는 굼벵이 같으며 코끝은 누에 등 같은데 물건을 끼우는 것이 족집게 같아서 두루루 말아 입에 집어넣는다. -고미숙 〈열하일기, 웃음과 역설의 유쾌한 시공간〉 중에서

5. "황제는 계속 되어야 한다. 죽어서도 쭉!"

명나라(1368~1644)는 277년 역사에 16명의 황제가, 청나라 (1644~1911)는 268년 역사에 10명의 황제가 있었다. 이들 26명의 명·청 황제는 멀리로는 진시황릉을, 가까이로는 명 태조 주원장의 효릉을 본떠 사후궁전을 만들었다. 이름하여 '황릉'이다.

명대의 황릉은 베이징 북서쪽으로 44㎞ 떨어진 천수산(天壽山)에 13개가 있다. 이를 '명13릉'이라 부른다. 청대의 황릉은 청동릉과 청서릉으로 나뉜다. 청동릉은 허베이(河北)성 준화(遵化)시에 있으며,

병마용 제1갱. 사후에도 자신을 지키라고 만든 진시황의 병마용.

순치, 강희, 건륭, 함풍, 동치제, 서태후 등이 묻혀 있고, 허베이성 이현성(易縣城)에 있는 청서릉에는 옹정, 가정, 도광, 광서제가 안장돼 있다.

명·청 황제들은 자신들의 생애에 누렸던 권력과 부귀영화를 사후 세계에도 누리기 위해 풍수를 고려한 명당자리에 터를 잡고 엄청난 재원과 인력을 동원하여 과학적이고 예술성이 높은 황릉을 만들었다. 생사를 넘나드는 그 거대한 권력욕과 절대왕정의 봉건적 세계관이 적나라하게 드러나는 지점이다.

난징에 있는 주원장의 묘인 효릉의 입구.

명을 세운 주원장의 묘인 효릉(孝陵)은 난징(南京)의 자금산(종산이라고도 함)에 웅장하게 자리 잡고 있다. 이 효릉이 바로 명·청 황릉의 표준격식이 된다.

명 태조인 주원장의 손자이자 제2대 황제 혜제는 주원장의 넷째 아들, 즉 자신의 삼촌(성조 영락제)에게 왕위를 빼앗기고(靖難의 役) 쫓겨나 무덤 위치가 알려져 있지 않다. 명의 3대 황제 영락제(永樂帝)가 1421년 난징에서 베이징으로 천도한 이후 천수산 장릉(長陵)에 자리를 잡자, 이후의 명대의 황제들은 7대 황제인 대종을 제외하고 모두 이곳에 묻혔다.

명13릉 중에서 일반인들에게 공개되는 곳은 장릉의 대문격인 석패루, 신도, 영락제가 묻힌 장릉, 12대 목종의 무덤인 소릉(昭陵), 13대 만력제(萬曆帝)의 정릉인데, 정릉은 지하궁전까지 발굴 개방되어 관광객이 주로 찾는 곳이 되고 있다.

천수산을 중심으로 펼쳐진 명 13릉의 분포도로 불이 켜진 곳이 황릉의 위치들이다.

고궁이 살아 있는 황제들의 궁전이었다면, 명 태조, 혜제, 대종을 제외한 13명의 황제와 23명의 황후 및 귀비 1명이 매장된 가족 황릉인 명13릉은 중국 최대의 황릉군으로서 명 황제들의 '사후 세계의 궁전'인 셈이다.

명13릉은 일종의 가족묘이기 때문에 공용의 진입로가 필요했다. 그것이 바로 신도(神道)다.

신도의 시작을 알리는 6개의 돌기둥으로 된 석패루(石牌樓, 높이 14m, 폭 28.86m)는 동쪽의 용산(龍山)과 서쪽의 호산(虎山) 중간지점에 우뚝 솟아 천수산의 산정을 정면으로 마주보고 있다. 석패루에서 하마비(下馬碑)가 있는 대홍문(大紅門)을 거쳐 비정(碑亭, 영락제를 기리는 3500자의 '신공성덕비'가 있음)까지는 지세

"황제는 계속되어야 한다. 죽어서도 쭉!"

신도를 보위하고 있는 동물형상들이 엄숙한 분위기를 자아낸다.

와 산경의 변화를 고려하여 구불구불하게 되어 있지만, 비정 이후 영성문(寧星門)까지는 곧게 뻗어 신성함과 엄숙한 기운을 가다듬도록 설계되었다. 신도의 총 길이는 2.6km에 달한다.

신도에는 사자, 해태, 코끼리, 기린, 말, 낙타 등 동물과 문신, 무관, 공신 등 총 18쌍의 조각이 길 양쪽에 배치되어 있다. 황제의 영혼을 지키는 수호신이자 산 자들의 마음가짐을 경건하게 하는 역할을 맡고 있다. 사후에도 신비감을 잃지 않고 철저하게 자연의 기운과 신하들의 보위를 받으려는 황제들의 상상력이 익살스럽다. 난징에서 운반한 암석에 조각된 이 석상들은 명초 조각예술의 걸작품으로 뽑힌다.

신도는 말 그대로 죽은 황제의 시신과 혼령만이 지나갈 수 있

가장 큰 규모인 장릉의 능은전 모습이다.

었기 때문에 가운데 난 길도 산 자들은 근접할 수 없는 사자들의 몫이었다. 영성문은 일종의 교차로로 13릉으로 통하는 모든 길이 시작되는 곳이 된다.

영성문에서 곧게 뻗은 길은 13릉의 으뜸인 장릉으로 통한다. 영락제 주체와 서황후(徐皇候)의 합장묘이다. 장릉은 규모면에서 명 태조 주원장의 효릉을 능가하나 구조와 형태는 효릉과 비슷하다. 대문, 능은문, 능은전, 방성명루, 보정 등의 건축물로 구성되어 있다. 명대 황릉은 영락제의 장릉보다 크게 건축되지 못하도록 하였으니, 선대에 대한 존경과 국가적 낭비를 막자는 뜻도 있다.

가장 중요한 건축물인 능은전은 썩지 않는 남목(楠木)으로 만

"황제는 계속되어야 한다. 죽어서도 쭉!"

정릉 지하궁전의 주인공, 만력제(萬曆帝, 1563~1620년)의 초상이다.

들어졌는데, 자금성 태화전의 재료보다 더 좋은 것을 사용했다. 너비도 66.75m로 태화전보다 3m 더 넓다. 물론 기단이 낮고 주변에 배전과 광장이 없어 웅장함이나 권위를 느낄 수는 없지만, 능은전은 태화전과 함께 중국 최대의 고건축물에 해당된다.

18년에 걸쳐 엄청난 인력과 재원이 동원되어 최대규모로 건축된 장릉은 지하묘실의 입구를 발견했지만 보존을 이유로 현재까지 발굴되지 않은 상태이다.

지하묘실까지 완전히 발굴되어 개방된 곳은 13대 황제 만력제(萬曆帝)의 묘인 정릉(定陵)이다. 만력제 신종(神宗) 주익균(朱翊

鈞)은 1573년 10살의 나이에 왕위에 올라 22세부터 자신의 묘를 만들었다고 한다. 신종은 연인원 6500만 명, 하루 3만 명의 노동력과 은 800만 냥(당시 1년 국가 재정은 은 400만 냥 정도)을 들여 6년에 걸쳐 공사를 끝낸 뒤 축하연을 열어 자축했다.

그러나 재위기간 46년 중 자신의 무덤, 즉 지하궁전이 만들어진 후 25년간 주색에 빠져 조정에 들지 않았다고 한다. '무덤에서의 축제'가 28년간이나 계속된 셈이다. 이는 명의 몰락을 재촉하는 예고편이었다.

베이징에서 명13릉으로 가는 교차로에는 명말 농민반란을 이끌었던 이자성(李自成)의 동상이 서 있다. 사후에도 부귀영화를 누리기 위해 황제들이 국고를 바닥내며 자신들의 무덤을 만들고 있을 때, 극심한 가난과 고통을 견디다 못한 농민들은 혁명을 일으켰던 것이다.

현지 가이드의 말에 따르면 명13릉 중에서도 정릉은 이자성의 난 때, 농민군의 공격을 가장 많이 받은 곳이라고 한다. 능문, 능은문은 중일전쟁 때에 파괴됐고, 1586년 건립된 능은전은 1644년 이자성의 농민군에 의해 소각됐다. 건륭제 때(1785~1787년)에 축소 개축되었으나, 1913년에 발생한 화재로 다시 소실됐다. 그 때의 흔적인지 남아 있는 명루의 축대도 검게 그을린 것처럼 변색되어 있다.

명루 옆으로 올라가면 1956년 5월, 발굴 당시 최초로 작업이 진행되었던 출구가 있는데, 황릉의 외곽성벽의 일부가 무너지면

"황제는 계속되어야 한다. 죽어서도 쭉!"

황릉 위에 복토를 하고 그 위에 나무로 은폐를 했는데, 그 중의 하나인 사슴뿔 모양의 녹각백의 모습이다.

서 '수도문(隧道門, 터널문)'이라고 씌어진 비석이 발견되었다. 더 파 들어가자 '이 돌에서 금강장까지 전방 16장(53m), 깊이 3장 5척(11.5m) 아래(此石至金剛墻前皮十六丈深三丈五尺)'라는 비석이 또 발굴되어 이를 따라 지하궁전의 입구를 찾아낼 수 있었다고 한다.

사슴뿔처럼 생긴 녹각백(鹿角柏)을 오른쪽으로 돌아가면 27m 깊이의 지하궁전으로 내려가는 계단이 나온다. 일설에 따르면 만력제는 자신의 능의 소재를 비밀로 유지하기 위해 작업에 동원된 사람들을 모두 살해했다고 한다.

발굴 당시에 암호 같은 비석의 내용을 해독하여 황릉의 입구를 찾아냈지만 대리석 문이 안에서 잠겨 있어 많은 어려움을 겪었던

중전 앞에서 본 지하궁전 내부의 모습이다. 여름은 시원하고 겨울은 따뜻하다.

것으로 전해진다. '방향을 바꾸는 열쇠'로 힘들게 문을 열었을 때, 밀폐 보관되어 있던 유골과 많은 소장품들이 파손되거나 증발했다고 한다.

지상 박물관에는 발굴 과정과 발굴 직후 황릉 내부의 모습을 담은 사진과 지하궁전에서 나온 3000여 부장품들이 전시되어 있다. 출토된 부장품 중 황제와 황후의 면관(冕冠), 오사익선관, 금관, 봉관 등은 역사적, 예술적 가치가 매우 높다.

대리석으로 만들어진 지하궁전은 길이 87m, 최대 폭 47m로 전전(前殿), 중전(中殿), 좌배전(左配殿), 우배전(右配殿), 후전(後殿)으로 구성되어 있다. 중전의 황제와 황후의 보좌에는 용과 봉황이 각각 조각되어 있으며, 그 옆에는 '영원의 불'을 지피던 기

"황제는 계속되어야 한다. 죽어서도 쭉!"

측백나무에 뒤덮인 정릉의 명루이다.

름항아리가 놓여있다. 좌·우배전은 만력제의 황후와 황비가 있던 곳이고, 후전은 시신과 부장품이 놓여 있던 곳이다. 좌우배전과 후전은 부식이 심한 상태로 발굴됐으며, 지금은 새로 만들어진 황제와 황후 비의 관만 소장품 상자와 함께 빈 채로 자리를 차지하고 있다.

만력제의 정릉은 결국 살아서는 자신의 궁전으로, 죽어서는 자신의 무덤으로 사용된 셈이다. 그의 삶과 죽음이 하나로 이어져 있는 공간이기도 하다. 황제는 사후에도 자신의 권력과 부귀영화가 지속되기를 기원하며 국가적으로 이 같은 대규모 사업을 추진했던 것이다. 그러나 만력제는 사후의 진정한 부귀영화라고 할 수 있는 백성들의 존경과 사랑은 누리지 못했다.

좌청룡우백호, 배산임수의 명당자리에 금은보화와 함께 잠들어 있는 명13릉의 황제들. 그들은 과연 자신들이 꿈꾸던 권력과 부귀영화의 극락세계로 갈 수 있었을까? 자신들의 무덤이 파헤쳐질 것을 걱정하여 황릉의 위치를 숨기고 보호하려 했던 그 노력을 백성들을 위해 쏟았다면 어땠을까. 명루에서 바라보는 서산에 지는 붉은 노을이 아름답다.

 **역대 최악의 황제 주원장**

최근 베이징커지(北京科技)신문은 역대 211명의 황제 중에서 심리적 소양이 가장 떨어지는 황제로 명(明)나라를 세운 주원장(朱元璋)을 뽑았다.

주원장은 1368년 10월 21일 안훼이(安徽)성의 가난한 집안에서 넷째 아들로 태어났다. 어릴 적 이름은 중팔(重八)이었으며, 17살에 전염병과 기근으로 부모 형제를 잃고 황각사(皇覺寺)라는 절에 들어가 중이 되었다.

절에서 청소와 심부름을 하면서 가장 힘든 일이 사천왕상의 다리 사이의 먼지를 청소하는 일이었다. 자신이 황제가 된 후, 주원장은 모든 절의 사천왕상은 청소하기 좋도록 반드시 한 발을 들도록 명령했다고 하니, 이는 사천왕상의 양식변화사에 중요한 전환점이 된다.

25살에 홍건적의 두목 곽자흥(郭子興)의 군대에 들어가 실력을 인정받으며 무수한 전투를 치르며 세력을 키워 나간 주원장은 16년 간

주원장에 대한 두 장의 초상화가 전해지고 있다. 하나는 인자하고 덕이 있어 보이는 것이고(위), 다른 하나는 그야말로 추하고 못생긴 형상이다(아래).

의 전쟁 끝에 1368년 난징(南京)에 명나라를 세우고 황제에 등극하였다. 이 때 그의 나이 41세였다.

황제가 된 후 주원장에게 슬슬 일종의 피해망상증 증세가 나타나기 시작한다. 자신과 함께 나라를 세웠던 개국 공신들이 반기를 들 것을 우려하여 재상 호유용(胡惟庸) 등 1만5천여 명을 반역죄로 숙청하고, 자신의 출신과 못생긴 외모에 대한 콤플렉스 때문에 또 '문자의 옥'으로 많은 지식인들을 제거하기도 했다.

'문자의 옥'이란 주원장이 승려생활 때 머리를 깎은 것 때문에 '광(光)', '독(禿)'자를 쓰거나, '승(僧)'과 발음이 비슷한 '생(生)'을 쓰는 행위, 반란군 출신이란 의미의 '적(賊)'과 발음이 비슷한 '칙(則)'자를 쓰는 행위를 무조건 처벌한 것을 말한다.

한 선비는 "빛이 가득한 천하에 하늘이 성인을 낳아 세상을 위해 법칙을 만들도다(光天之下, 天生聖人, 爲世作則)"라는 상소문을 올렸는데, 대머리의 '광(光)', 스님의 '생(生)', 도적을 나타내는 '칙(則)'이 함께 있었으니 죽음을 면키 어려웠다. 사정이 이렇다 보니 당시 관료들은 매일 살아서 집에 돌아가면 살아 돌아온 것을 기뻐할 정도였다.

주원장의 히스테리칼 한 공포정치는 미천한 출생에서 시작해 최고의 지위인 황제에 오르면서 자신의 권력과 부귀를 보존해야 한다는 강박관념이 정신분열증세로 나타난 것이다.

주원장에 대한 두 장의 초상화가 전해지고 있다. 하나는 인자하고 덕 있어 보이는 것이고, 다른 하나는 그야말로 추하고 못생긴 형상이다. 주원장에 대한 역사적 평가도 농민봉기를 성공적으로 이끌어 명왕조의 기반을 다졌다는 긍정적 평가와 극단적인 공포정치를 일삼는 정신분열증세의 폭군이라는 부정적 평가가 공존하고 있다.

6. 70만년 전으로의 시간여행, 주구점 북경원인

마르코 폴로가 세상에서 가장 아름다운 다리라고 극찬했다는 베이징의 용정하(永定河) 위에 세워진 노구교(盧溝橋, 루거우차오)를 빠져 나와 917번 버스를 타고 주구점(周口店, 저우커우뎬)으로 향했다. 917번 버스는 타임머신이 되어 70만년 전 원숭이 인간, 원인(猿人)이 살았던 세계로 안내했다.

나지막한 구릉에 둘러싸인 석회광산의 탄광 마을은 가끔 화물 기차의 기적소리만 들려올 뿐 뿌연 연기 속에 적막하기만 하다. 그러나 마을을 휘도는 강물과 보잘 것 없는 용골산(龍骨山)에도 140m나 되는 천연 동굴들이 있었으니, 바로 맹수의 공격을 피할 수 있는 원인의 소중한 주거지가 되었던 것이다.

주구점 베이징원인(北京猿人) 유적지는 1987년 세계문화유산에 등록된 이래 입장료가 30위엔(4000원)으로 올라 있다. 발굴자

발굴지에서 내려다 본 주구점 마을의 모습.

들의 사진이 걸려진 수림 사이를 올라가면 바로 인류기원의 비밀을 간직한 유골의 발굴지들이 1지점에서 15지점까지 낮은 산허리를 감싸고 곳곳에 흩어져 있다.

주구점 근처에서는 고래로 '용골(龍骨)'이라 불리는 각종 동물의 뼈가 자주 발견되었는데, 사람들 사이에 만병통치약으로 여겨져 높은 가격에 거래되어 왔다고 한다. 어쩌면 그 뼈 중에 인류조상의 뼈가 포함되어 있었을지도 모를 일이다. 그러다가 1870년 영국의 고대척추동물학자 리처드 오원이 주구점 일대에서 포유류 유골을 발견하여 학계에 논문을 발표하면서 주구점은 고고학의 보고로 주목 받기 시작했다.

1921년에는 스웨덴의 고생물학자 앤더슨이 이 지역에서 고대 원시인류의 이빨을 발굴했으며, 드디어 1927년 12월 2일에 중국의 고고학자인 페이원중(裵文中)이 30m 깊이의 동굴 밑바닥, 한 사람이 겨우 들어갈 수 있는 곳에서 69만년 전의 것으로 추정되는 완전한 원인의 두개골을 발굴했다. 이것이 바로 '베이징원인'이다. 대나무 주걱을 가지고 손상 없이 이 두개골에 붙은 흙을 제거하는 데에만 4개월이 소요되었다고 한다. 고고학자들의 유적 발굴의 지난함을 가늠할 수 있다.

지금은 앙상한 뼈대처럼 바위만 남아 있는 발굴지에는 군데군데 작은 동굴의 입구만이 신비감을 더해주며 자리 잡고 있다.

베이징원인의 뇌 용량은 현 인류의 2/3수준이라 한다. 두개골이 낮고 평평하며 눈 위의 뼈와 광대뼈가 돌출되어 있고 직립보행이 가능했을 것으로 보인다. 또 동굴 속에는 5개의 잿더미층이 있는데, 두꺼운 곳은 그 길이가 6m에 달하며, 이밖에도 3곳의 잿더미유적, 다량의 불에 탄 유골들이 발견되었다. 이 발굴로 인류가 불을 사용한 역사는 수십만 년 앞당겨졌으며, 당시 베이징원인이 이미 각종 석기를 다듬어 도구로 활용하는 법과 불씨를 보존하는 기술 등을 터득하고 있었음이 밝혀졌다.

뼈대만 남은 바위 틈으로 작은 발굴용 동굴이 보인다.

1933년, 페이원중은 다시 1만 8천년 전의 것으로 보이는 인류의 화석을 발견했다. 바로 '산정동인(山頂洞人)'이다. 10개에 달하는 산정동인 유골은 원시몽고인의 특징을 갖고 있으며, 체질적으로 베이징원인보다 분명히 진보된 것으로 현 인류와 거의 비슷한 모습이다. 특히 3개의 완전한 성인남녀의 두개골은 각종 장식

주구점유적박물관에 설치된 원인들의 동굴생활 가상도.

품을 하고 있는 것으로 보아 순장되었던 것으로 보이며, 당시에 이미 원시종교의 맹아가 싹튼 것으로 분석된다.

또한 장식품의 제조기술이 상당히 발전된 것으로 보아 산정동인이 시기적으로 이미 구석기 말기에 해당되는 문명을 지녔던 것으로 추정된다.

1935년부터는 자란포(賈蘭坡)의 주도하에 발굴작업이 계속 되었는데, 1936년 11월에 3구의 베이징원인 두개골이 발굴되어 학계를 놀라게 했다. 그러나 이 같은 발굴작업은 1937년 7월 7일 주구점 근처인 노구교에서 발발된 중일전쟁으로 중단되었다.

더욱 놀랍고 안타까운 사실은 1941년 12월 8일, 일본이 미국에 선전포고를 한 후 주구점을 점령하고 베이징원인이 보관되어 있던 협

산정동인(山頂洞人)이 발굴된 산정동의 모습.

거대한 문화유산, 그 메타포의 세계

화의원(協和醫院)의 대금고를 열었을 때, 유골은 이미 어딘가로 사라지고 없었다는 것이다. 금고를 열 때 함께 참관했던 중국의 고고학자 페이원중은 일주일 전까지만 해도 유골이 있었다고 증언한 것으로 미루어보아, 발굴작업을 지원했던 미국의 록펠러 재단 측에서 태평양전쟁 발발 직후 유골을 안전한 곳으로 운반하다가 도중에 무슨 사고로 분실한 것이 아닌가 하고 추정할 뿐이다.

좌측에서부터 현원인－베이징원인－현인류의 뇌구조이다.

인류기원의 비밀을 간직한 베이징원인과 산정동인의 두개골과 대량의 석기유물들이 알 수 없는 이유로 사라진 이 미스터리는 인류의 문화유산은 땅 속에 묻어둔 채로 내버려두는 것이 가장 좋은 보존 방법이라는 항간의 우스갯소리를 떠올리게 한다.

1973년에는 69만년 전의 베이징원인과 1.8만년 전의 산정동인의 중간 단계에 해당하는 10만년 전의 것으로 보이는 신동인(新洞人)이 발굴되기도 했다.

1921년 이후부터 계속된 발굴작업에서 총 3만m^2의 퇴적물에서 6개의 비교적 완전한 두개골, 12개의 부서진 얼굴뼈, 15개의 턱뼈, 157개의 이빨, 10여 개의 인체 유골들이 발굴되었다. 모두 40인분의 사람 뼈에 해당될 것으로 분석되고 있다.

이밖에도 수십만 건에 달하는 구석기 유물과 코끼리, 코뿔소,

주구점유적박물관 앞마당을 지키고 서 있는 베이징원인의 동상.

말, 소, 양, 돼지, 사슴 등의 포유류 유골이 대량으로 발견되었다. 이렇게 체계적이면서 대량으로 고인류 발전사의 유적이 완전한 형태로 발굴된 곳은 세계에서 유일무이한 것이다.

낮은 산을 돌아 내려오면 주구점 유적박물관이 있다. 이곳에서 발굴된 각종 유물들 앞에는 베이징원인의 동상이 놓여 있다. 역사라는 말도 감히 범접할 수 없는 그 엄청난 시간의 퇴적을 넘어선 인류 탄생의 신비감을 느끼게 해 준다.

베이징의 서남쪽 42km 지점에 위치한 주구점은 근처의 노구교, 운거사, 석화동, 십도, 계태사 등과 함께 1박 2일 코스로 여행을 즐기기에 좋은 곳이다.

 신선이 되어 산 위에서 배를 타고 노닐다

베이징을 여행하다 보면 유구한 문화적 전통을 자랑하는 거대한 스케일의 역사유적지에 경탄하게 되지만 왠지 중국음식처럼 그 맛이 그 맛 같고 '느끼하다'는 인상도 지울 수 없다.

이럴 때 맛보는 한국음식이 그야말로 담백하고 감칠 맛 나듯이 베이징여행에서 다소 느끼한 역사유적지와는 달리 순수하고 상큼한 자연풍경구의 맛과 멋을 느낄 수 있는 곳이 바로 롱칭샤(龍慶峽)다. 그래서인지 베이징여행을 마치고 롱칭샤가 가장 기억에 남는다는 분들도 적지 않다.

"작은 꿰이린(小桂林)"으로 불리는 롱칭샤는 남방의 여성스런 수려함과 북방의 남성다운 웅대함을 동시에 갖추고 있으며 물은 거울처럼 맑고 우뚝 솟은 산봉우리는 갖가지 형상으로 펼쳐지며 한 폭의 산수화

4월 하순, 한 폭의 산수화처럼 겨울잠에서 막 깨어나는 롱칭샤의 모습. 맑은 물 속에는 아직 녹지 않은 얼음이 있다.

70만년 전으로의 시간여행, 주구점 북경원인

산과 물이 이루어 놓는 또 한 폭의 산수화를 떠올리게 하는 아름다운 풍경이다.

를 이루어 놓는다. 이 그림 같은 풍경 속을 배를 타고 노니는 것은 그야말로 자연이 주는 최고의 편안함을 만끽할 수 있게 해 준다. 롱칭샤의 웅장함과 절벽 끝에 서식하는 수많은 아름다움들은 정말 경탄을 자아내게 하기에 충분하다.

7. 만리장성이 사라지고 있다

　중국 하면 먼저 '만리장성(萬里長城)'이 떠오를 정도로 장성은 중국의 상징이자 중국인의 마음속에 긍지와 자랑으로 자리 잡고 있다. 중국의 국가인 〈의용군행진가〉는 "노예가 되기 싫은 자 일어나서 피땀으로 새로운 우리의 만리장성을 쌓아가자"라는 구절로 시작된다.

　시간적 길이 2400여 년, 공간적 넓이로는 10만 리에 달하는 장성은 자타가 공인하는 인류건축사의 기적이자 시련을 두려워하지 않으며 대를 이어 거대한 역작을 만들어 가는 중국의 정신을 대표한다.

　마오쩌둥은 일찍이 "장성에 오르지 않으면 사내대장부가 아니다(不到長城非好漢)"라고 말했다. '장성'에 대장부로서 지녀야 할 역사의식과 호연지기, 온갖 고난을 극복해내는 지혜와 노력, 그

빠다링장성의 설경이다. 베이징근교에서는 가장 크고 웅장한 맛을 느끼게 한다.

리고 도전정신이 녹아있다는 의미이다.

진시황이 장성을 연결하고 장성의 안을 곧 '진(Chin)의 영토(Area)'라 칭했으니, 오늘날 중국을 'China'라고 부르는 것도 어찌 보면 만리장성과 깊은 관계가 있다.

그러나 현재 우리가 볼 수 있는 모습은 과거의 그 만리장성이 아니다. 장성의 원래 길이는 10만 리였다. 그러나 이중 9만 리는 2000여 년의 세월이 흐르면서 풍화되어 사라진 상태이고, 지금 관광객들이 볼 수 있는 건 명나라 때 축조된 6300km 정도의 장성이다.

최근 중국의 만리장성 학회 보고서에 따르면, 그나마 남아있는 만리장성도 40%(2500km) 정도만 보존상태가 양호할 뿐, 60%(3800km)는 자연풍화나 무분별 개발에 의해 훼손되고 파괴돼 조금씩 사라져가고 있다고 한다. 어쩌면 미래에는 만리장성이 완전히 사라질 수도 있다는 우려가 나오는 것도 근거 없는 기우만은 아닌 듯하다.

원래 장성은 춘추전국시대 이후 총 20개의 왕조를 통해 축조 및 보수되었다고 한다. 춘추전국시대 2만 리, 진시황 때 1만 리, 한대 2만 리, 서진, 북위, 동위, 북제, 북주, 수, 송, 요, 금대까지

4만 리, 명대 약 1.46만 리가 쌓아졌다.

여기에 동원된 인적, 물적 자원은 그야말로 천문학적 숫자에 달했다. 진시황에 의해 추진된 2차에 걸친 장성 축조에 동원된 인력만 군인 30만, 민간인 50만 명에 달했다고 한다. 북제 때는 10차에 거쳐 180만 명, 수나라 때는 7차에 거쳐 140만 명이 동원되었다. 명나라 때에는 200여 년에 걸쳐 14차례의 장성 축조가 있었으니, 그 수를 추산하기도 어려울 정도다.

산정과 절벽을 잇는 험난한 장성공사에 동원된 그 수많은 민초들은 가혹한 노동에 시달리며 피땀으로 거대한 10만 리 장성을 쌓아 올렸다. 혹독한 노동을 못 이겨 달아나는 이는 산 채로 장성 아래 쌓이고, 계속 무너지는 공사구역에서는 점을 쳐서 길일(吉日)을 택한 뒤, 그 날 태어난 아이 수백 명을 돌 대신 쌓기도 했다는 전설까지 전해져 온다. 장성에 서려 있는 절대권력의 횡포와 민초들의 수난은 상상하기조차 힘든 일이다. 실제로 중국의 4대 전설 중의 하나인 맹강녀(孟姜女) 설화는 이 같은 내용을 바탕으로 하고 있다.

진나라 말(B.C 209년)에 장성공사에 동원되었던 허난(河南)성 농민 진승과 오광(중국 최초의 농민 반란이라 불리는 진승오광의 난 주모자)은 폭우로 강물이 불어 정해진 기일 안에 어양(漁陽)에 도착할 수 없게 되자, '어차피 참형(허리를 잘라 죽이는 형벌)에 처해질 것'이라는 생각으로 민란을 일으켜 결국 진의 멸망을 가져왔다. 장성 축조가 얼마나 삼엄한 분위기에서 진행되었는지를 잘

쓰마타이의 산정 구간으로 성벽은 무너지고 축대와 봉화대만 남아 있다.

보여준다.

그런데 문제는 그렇게 많은 민중의 희생으로 힘들게 쌓여진 장성이 90% 가량 사라져 버렸다는 점이다. 지금 이 순간에도 만리장성은 조금씩 사라지고 있다.

장성학회의 조사에 따르면, 현재 남아 있는 장성 6300km도 자연과 주민 그리고 정부에 의해 파괴되고 있다는 것이다.

자연에 의해 훼손된 게 총 197곳인데, 자연붕괴 165곳, 홍수에 의한 붕괴 13곳, 모래에 매몰된 곳 16곳, 지진, 풍화작용에 의한 붕괴 3곳 등이다.

더 심각한 것은 주민들의 무지에 의한 훼손인데, 총 151곳에 달한다. 성벽의 벽돌을 빼 간 곳이 140곳, 성벽을 허물고 농사를 짓는 곳이 6곳, 성벽을 주택과 돈사(豚舍) 울타리, 무덤으로 훼손한 곳이 4곳, 목적이 불분명한 훼손이 3곳이다. 장성의 돌과 벽돌로 집을 지으면 복과 행운이 온다는 잘못된 믿음이 장성의 훼손을 부추긴 것이다.

정부에 의한 훼손도 32곳이나 된다. 댐 건설에 의해 수몰된 곳 12곳, 도로공사에 훼손된 것 17곳, 건축시공을 위한 훼손 3곳이었다. 중국의 현대화 과정에서 장성이 앞으로 또 얼마나 많은 수난을 당할지는 알 수 없는 일이다.

이 밖에도 특정 기업에 의한 훼손이 4곳, 대약진운동, 문화대혁명 때 파손된 게 11곳, 중일전쟁 등 전쟁에 의한 파괴가 9곳이었다.

결과적으로 현재 남아 있는 장성의 성벽이 그나마 완전하게 보전된 것이 4천 리 정도로 전체의 1/3이고, 나머지 1/3은 심하게 훼손 또는 붕괴되어 폐허가 되었고, 1/3은 이미 완전히 사라졌다. 장성이라는 '상처 입은 용'은 지금 극도로 지쳐 움직일 기력도 없이 숨만 헐떡이고 있는 셈이다.

장성의 심각한 훼손은 베이징 근교의 장성들에서도 어렵지 않게 찾아 볼 수 있다. 베이징을 찾는 관광객들이 주로 들리는 빠다링(八達嶺)과 무톈위(慕田峪) 장성은 명대에 축조된 것이라고는 하지만, 사실 최근 보수된 것이어서 진정한 명대의 장성이라고 말할 수 없다.

빠다링장성 입구에서 왼쪽으로 끝까지 오르면 더 이상 갈 수 없게 막은 곳에서 무너진 장성을 볼 수 있다. 그것이 어쩌면 진정한 빠다링의 모습일 것이다. 빠다링 바로 앞에 있는 쥐용관(居庸關) 장성도 주변에 흩어진 가늘고 희미해진 돌무덤들이 당시에 쌓여진 것이라고 봐야 할 것이다.

무톈위 장성에서 서쪽으로 계속 가면 지엔커우(箭口) 장성으로 이어지는데, 그곳은 훼손된 채로 그대로 방치되어 있다. 입장료를 받거나 관리하는 사람도 전혀 없이 근방의 주민들이나 장성마니아들의 발걸음이 가끔 닿을 뿐이다. 최근 중국정부는 이렇게 개방되지 않은 장성에 오르는 것을 법으로 금지하고 있지만 아직 관리가 제대로 되지 않는 상태이다.

사실 베이징근교의 장성 중에서 그나마 제일 장성다운 멋과 맛을 느끼게 하는 곳은 교통편이 불편하여 한국관광객은 잘 찾지 않는 쓰마타이(司馬臺) 장성이다. '만력 5년(1577년)'이라고 음각된 수많은 벽돌들에서 생생한 역사를 느낄 수 있을 뿐 아니라, 보존되고 훼손된 다양한 형태의 장성의 모습을 볼 수 있기 때문이다.

미개발지구로 관광객의 출입이 금지된 쓰마타이장성의 13 망루 너머의 모습이다. 멀리 보이는 산은 독수리모양을 하고 있으며 이 밖에도 많은 기암괴석이 장성의 멋을 더해 준다.

   험준한 산정을 잇고 있기 때문에 독소리, 거북이, 코끼리 등의 모양을 한 기암괴석과 발아래 펼쳐진 원앙호(鴛鴦湖)와 어우러지는 경관도 일품이다. 비록 가장 아름다운 자태를 간직하고 있다는 동편의 13망루 이상은 안정상의 이유로 관광객의 출입을 막고 있어 아쉽지만 쓰마타이 서쪽으로는 진산링(金山嶺), 구베이커우(古北口) 장성이 이어져 있어 종주가 가능하다.

   2005년 2월 3일, 친한 고향 친구 유현이와 함께 베이징과 순이(順義)를 연결하는 징순루(京順路)에서 청더(承德) 행 버스에 올랐다.

   춘지에(春節)를 맞이하여 귀향하는 사람들과 선물 꾸러미로 미니버스 안은 아주 붐볐다. 기사에게 "쓰마타이창청(司馬臺長城)!"

만리장성이 사라지고 있다

구베이커우 못미처 오른편으로 보이는 쓰마타이장성의 패방이다.

했더니, "30콰이(4천원)!" 한다.

  자리에 앉아 좀 가다 보니 군데군데에서 담배 연기가 피어오르고 차 안은 금방 뿌연 연기로 가득했다. 하지만 누구 하나 불만을 토로하는 사람은 없다. 차 안에 붙은 '담배를 피우지 마세요(請勿吸煙)'라는 문구가 무색해지는 순간이다. 베이징 시내에서는 버스 안에서 담배를 피우는 승객이 거의 사라졌지만, 조금만 외곽으로 벗어나면 애연가들은 이렇게 담배를 피워 대고 승객들도 이를 아무렇지 않게 묵인해 준다.

  1시간 30분쯤 달려 차창 오른편으로 커다란 패방에 '쓰마타이'라고 쓰여진 곳에 차를 세워 내렸다. 그러나 그곳에서 쓰마타이장성까지는 꽤나 멀어 보여 지나가는 미엔빠오처(面包車, 미니봉고차)에 손을 내밀었다. 마침 쓰마타이까지 운행하는 차량이었다. 차비는 5위엔이다.

쓰마타이장성 매표소 앞에 도착해 내리려고 하는데, 그 운전기사가 갑자기 엉뚱한 제안을 했다. 자기가 입장권을 끊지 않고 장성을 오를 수 있는 곳으로 데려다 줄 테니 15위엔만 달라는 것이다. 좋다고 했더니, 그는 우리를 두꺼운 얼음이 언 호수가에 내려주며 건너가라고 한다. 쓰마타이장성 앞에 원앙호(鴛鴦湖)가 있는데, 추운 날씨에 그곳이 얼어 건널 수 있게 된 것이다.

처음에는 얼음이 깨지면 어쩌나 걱정했지만 금이 간 사이로 두께를 보니 족히 1m는 되어 보였다. 공짜로 얻어 먹는 밥이 더 맛있다고 했던가. 이렇게 개구멍으로 살짝 틈입하여 오르기 시작한 쓰마타이장성은 일찍이 중국의 한 사상가가 '장성 중의 천하 으뜸'이라고 평한 바대로 그야말로 장관이었다.

굳이 장성을 쌓지 않아도 넘기 힘든 험준한 산정에 쌓여 있는 자태하며, 역사와 고풍스런 멋을 자아내면서 군데군데 무너져 내린 모양, 무엇보다 아래로 흐르는 물과 각양각색의 기암괴석이 어우러지는 풍채는 탄성을 자아내기에 충분했다.

그런데 우리가 장성을 오르기 시작할 때부터 끈덕지게 우리를 따라오며 자진하여 가이드를 해 주던 할머니가 있었다. 드디어 본색을 드러내며 장성 책자와 엽서를 사라고 하소연한다. 사연을 들어본 즉, 쓰마타이 근처에 사는 농민인데 겨울에는 일이 없고 병든 남편을 간병해야 하기에 도시로 일하러 갈 수도 없어 이렇게 책자와 엽서를 판다는 것이다.

할머니가 우리를 따라 오른 거리가 족히 쓰마타이장성의 절반

관광객들에게 책자와 엽서를 파는 쓰마타이의 또 다른 가이드 할머니.

은 되었으니 미안하기도 하고 측은한 마음도 들어 얼마냐고 물었다. 책은 100위엔, 엽서는 30위엔이라고 한다. 터무니없이 비싼 값이었으나 책자는 이미 있으니 엽서나 하나 달라고 해서 샀더니 고맙다며 다시 계단을 내려간다.

할머니 말에 따르면, 쓰마타이 장성은 명나라 만력제 5년(1577년)에 축조되었으며, 모두 17개의 봉화대가 있고 중일전쟁 때 일본군에 의해 점령되어 많이 파손되었다고 한다. 우리가 진산링 장성과 구베이커우 장성으로 넘어갈 수 있느냐고 물으니 8시간 정도 걸린다고 알려 주었다.

장성을 오르는데 정말 성벽 곳곳에 '만력 5년' 문귀가 음각된 벽돌이 많았다. 명13릉 중에서 정릉(定陵)으로 알려진 자신의 지

성벽과 봉화대의 일부는 붕괴되고 앙상하게 남은 모습이 산정에서 온갖 풍화를 겪어낸 세월을 느끼게 한다.

하 궁전을 만들어 놓고 여름에도 시원하게 후궁들과 유희를 즐겼던 황제가 바로 만력제 아닌가. 그 즈음에 민초들은 상상도 못할 이 험준한 높이에 돌을 짊어지고 올라 목숨을 걸고 이 장성을 쌓았단 말인가.

제일 높아 보이는 망루까지만 보고 방향을 돌려 진산링장성으로 돌아가리라고 마음을 먹었는데, 망루에 올라 보면 또 다른 봉우리가 이어지고, 오르면 또 다른 망루가 나타나며 우리를 유혹했다. 절벽 끝에 서식하는 아름다움처럼 눈앞에 펼쳐지는 장성의 절경은 그야말로 점입가경이어서 차마 발걸음을 멈출 수가 없었다. 쓰마타이를 찾은 관광객들이 모두 서양인이라는 점도 특이한데, 산이 주는 열린 마음과 너그러움으로 누가 먼저랄 것도 없이

만리장성이 사라지고 있다 | **163**

쓰마타이에서 바라보는 진산링장성의 모습이다.

"니하오, 하이"가 절로 나온다.

한참 장성의 전율에 도취되어 더 멀리 있는 절경을 찾아 나서는 우리의 발걸음을 뚝 막아 서는 것이 있었다. 바로 '이곳은 미개발 지역으로 위험하니 관광객의 출입을 금함'이라는 표지판이었다. 그리고 이를 어길 경우 200위엔의 벌금형에 처한다는 내용까지 더해져 있었다. 여기서 걸음을 돌릴 수밖에!

그래도 바로 앞 능선까지만 가보자는 친구의 말에 못이겨 걸음을 내딛는 순간, 성벽에서 부스럭대는 소리가 들렸다. 소스라치게 놀라 돌아보니, 웬 경비원 복장을 한 사내가 부시시 잠에서 깨어나 일어나지도 않고 비스듬히 누운 채로 "위험하니 돌아가시오" 한다.

"가장 오래된 장성은 풍화에 사라지고 남은 장성의 가장 아름다운 곳은 또 이렇게 길이 막히는구나"하며 일부러 너스레를 떨자, 그가 "바람이 없고 날씨가 좋으면 얼마간 허락을 해 줄 수도 있지만, 오늘은 바람이 심해서 안되겠다"며 말을 걸어왔다.

돈을 바라고 하는 말이 아닌가 하여 그에게 몇 마디 말을 걸어 보았다. 그런데 그는 의외로 수도자처럼 맑고 품격 있는 언행으로 우리의 마음을 사로잡기 시작했다.

그가 들려주는 그의 일상은 우리에게 잔잔한 감동이었으며 장성에 대한 소개 또한 그야말로 징차이(精彩, 뛰어난)한 것이었다. 쓰마타이의 파수군, 그의 이름은 '친동밍(秦東明)'이었다. 장성을 연결한 최초의 황제 진시황과 같은 성씨라며 웃어 보였다. 그는 1969년생으로 미윈(密雲) 인근의 산골 마을에서 태어났다고 한다. 고등학교 졸업 이후 군대에 입대하여 5년간 군 생활을 하고 군에서 배정해 준 직장을 다니다가 작년 여름부터 쓰마타이장성에서 이 일을 해 오고 있다.

아침 7시에 무전기와 찻병 하나 들고 쓰마타이에 올라 9시부터 이곳에서 관광객을 관리하다가, 오후 3시 반쯤에 산을 내려오는 것이 그의 일과였다. 매일 그렇게 장성의 계단을 오르내리며 산을 보고 자연을 느끼는 것이 너무 좋다고 한다. 다만 초등학교 5학년 딸과 6개월 된 둘째 아들이 있는데(중국은 원래 한 아이만을 낳을 수 있으나 산간 오지 출신에게는 둘째 아이가 허용된다), 월급이 400위엔(5만 2천원)에 불과해 걱정이라고 했다.

쓰마타이장성의 꼭대기, 자기만의 방(?)에 비스듬하게 누워 자신의 일상을 소개하는 친동밍형과 눈높이를 맞추어 보았다.

오늘은 더 이상 관광객이 없을 것 같다며 함께 내려가자던 친동밍은 출입 금지 표지판 너머 산마루로 우리를 안내해 쓰마타이의 가장 빼어난 경관을 자랑하는 텐띠(天梯)와 텐치아오(天橋)에 갔을 때의 경험담을 들려주었다. 그리고 멀리 보이는 산이 독수리가 앉아 있는 모습이라고 소개해 주는데, 정말 부리의 모양이며 영락없는 독수리의 형상이다.

그리고 이 쓰마타이에는 험준한 산정의 장성을 쌓다가 희생된 민중의 넋들이 여러 동물 형상의 기암괴석으로 솟아 있다며, 하산 길에 거북이, 코끼리, 악어, 메뚜기바위 등을 소개해 주었다.

우리가 올랐으나 미처 보지 못한 것들을 그는 하나하나 빠뜨리지 않고 되짚어 주었다. 이미 쓰마타이의 매력에 흠뻑 빠져 있던 우리들은 그가 매일 오르내리면서 확인한 진귀한 문양의 벽돌과 지형에 알맞게 변형된 특이한 건축 양식에 대한 설명을 들으며 그저 고개를 끄덕일 따름이었다.

내려가는 길에 장성을 혼자 오르는 서양 여자가 있어서 저 여자가 출입 금지 표지판 너머로 가면 어떻게 하느냐고 물었다. 그랬더니 친동밍은 시간도 늦고 멀리 보이는 미니버스를 가리키며 일행이 기다리고 있어서 금방 내려올 것이라고 말하는 게 아닌가. 이곳에서 일어나는 모든 일을 손바닥처럼 내려다보고 있는 듯하여 개구멍으로 들어온 우리를 뜨끔하게 했다.

아침과 점심을 먹지 못해 배가 고프다고 하자, 그는 장성 옆 산에 있는 식당으로 우리를 안내했다. 형제가 운영하는 식당에는 한 무리의 서양인들이 식사를 하고 있었고, 우리는 극구 마다하는 그를 청해 함께 늦은 점심을 먹었다. 원앙호 상류에 있는 온천수와 광천수로 만든 요리들은 우리의 시장기와 더해져 그야말로 꿀맛이었다.

우리가 불법으로 건넌 그 원앙호를 건너며, 그는 온천수가 나오는 위의 호수는 아무리 추워도 얼지 않으며 아래의 인공호수만 얼게 된다고 한다. 그리고 얼음이 얼며 기포가 만들어 낸 얼음 속의 매화꽃이며 호수 주변의 횃불나무 등 범인들에게서는 쉽게 들을 수 없는 얘기들을 들려주었다.

헤어져야 하는 지점에 도착해서, 그는 문득 품 안에서 무엇인가를 꺼내더니 "가진 것이 이것뿐이네" 하며 우리에게 건넸다. 검

쓰마타이장성 위에서 내려다 본 원앙호의 모습이다. 온천이 나오는 위 호수는 얼지 않았고 아래 호수는 두껍게 얼어 있다.

은 옥으로 된 묵주였다. 그의 손때와 외로움이 묻은 그것을 받는데 왠지 부끄럽고 미안한 마음에 사양했더니, 다음에 또 놀러 오라며 기어코 내 손에 묵주를 쥐어 주었다. 그는 눈이 내린 다음 날 오는 것이 가장 멋지다며 자기가 눈을 깨끗이 쓸어 놓고 기다리겠다고 악수를 건넸다. 그 깊고 세심한 마음에 대한 답례를 찾다가 나는 다음에 오면 '형'이라고 부르겠다는 말만 남기고 아쉬운 작별을 해야 했다.

쓰마타이를 벗어나 집으로 돌아오는 길에 춘지에에도 가족이 있는 집에 가지 못하고 홀로 장성을 지켜야 하는 친 '형'을 생각하니 마음이 아팠다. 올해가 번밍니엔(本命年, 자기의 띠와 같은 해를 말하는데, 중국인들은 번밍니엔에 오는 액운을 막기 위해 붉은 색 속

산정을 잇는 장성은 하늘에 닿을 듯하다.

옷이나 양말, 허리띠를 착용한다)인 친 형은 섣달 그믐날 밤에 붉은 색 속옷을 입는다고 했는데, 다시 갈 날에 한 벌 장만해 가리라. 그리고 눈이 올 때마다 그 긴 쓰마타이장성의 계단의 눈을 쓸고 있을 친 형에게 안부 전화라도 걸어야겠다.

고비사막에 우뚝 서서 말을 타고 달려드는 흉노족을 무력화시키며 이민족 문화의 침입을 막아 중원의 경제와 문화발전을 가능하게 했던 위용, 비단길로 통하는 교역의 전진기지로서의 화려했던 만리장성의 자태는 이미 긴 역사 속에 모습을 감추었다 해도, 가장 방대한 군사시설이자 인류건축사의 기적으로 불리는 자존심만큼은 지켜갔으면 한다. 친 형때문에 더 정답게 느껴지는 만리장성이지만, 지금으로서는 그것도 쉽지 않아 보인다.

쓰마타이에서 만난 한 영국인은 자신을 장성사랑회 회원이라고 소개하며, "장성은 내 스승이자 또 삶의 원동력이고 목표인데, 이렇게 자꾸 사라지고 훼손되어 간다"며 안타까워했다.

한 때 '달에서도 보이는 유일한 인공 건축물'이라는 찬사까지 받았던 만리장성이지만, 2003년 10월 선저우(神舟) 5호를 타고 우주를 비행했던 양리웨이(楊利偉)는 "달에서 장성이 보이지 않았다"고 말해, 장성의 위용을 무색하게 한 바 있다.

만약 10만 리가 그대로 잘 보존되어 있었다면, 아니 1만 리라도 제대로 남아있다면 달에서 보였을지도 모를 일이다. 철옹성 같은 개발 논리가 장성을 휘감고 있는 지금의 중국, 지하의 마오쩌둥도 생전에 자신이 했던 말을 되풀이하고 있을지도 모를 일이다.

"장성을 사랑하지 않으면 사내대장부가 아니다(不愛長城非好漢)."

베이징올림픽 때 한 몫 챙겨봐?

베이징시 소재 세계문화유산 입장료가 문화재 보호와 유지비 명목으로 최고 200%까지 인상될 방침이다. 2005년 10월 현재 대대적인 보수공사를 진행하고 있는데, 이 공사가 마무리되는 대로 요금인상이 이뤄질 것으로 보인다.

현재 요금은 4월에서 10월이 성수기이고 11월에서 3월은 비수기요금이 적용되는데, 고궁 60/40, 이화원 30/20, 팔달령장성 40/35, 천단공원 15/10, 정릉 60/40, 장릉 45/30위엔이다(성수기/비수기, 1위엔 130원).

그런데 인상요금을 반영하면 고궁 100/80, 이화원 80/60, 팔달령장성 80/60, 천단공원 50/30, 정릉 70/50, 장릉 50/30위엔이 된다.

6곳을 관람할 경우 현재 성수기 입장료가 250위엔에서 430위엔으로 두 배 가까이 오르게 된다. 입장료 인상에는 장삿속 밝은 중국이 2008년 베이징올림픽을 앞두고 몰려들 외국관광객을 통해 두둑한 관광수입을 올려보겠다는 계산도 분명 녹아 있으리라 보여진다.

하루 1만 명의 한국관광객이 중국을 찾는 상황에서 베이징 주요관광지의 요금인상은 우리에게도 '강 건너 불 구경'만은 아닌 셈이다.

3

변화의 회오리, 카오스의 덩어리

중국에 대한 모든 담론은 한편으로 옳고 또 한편으로 틀리다. 중국의 거대함과 다양함 자체가 손쉬운 일반화를 허용하지 않기 때문이다. 현대와 전통이, 근대와 전근대가, 질서와 무질서가, 부와 빈이, 사회주의와 자본주의가, 성장신화와 성장통이 서로 혼재되어 어지럽게 굴러가고 있다. 그 변화와 카오스의 세계에서 무작위로 추출된 중국사회의 단면들을 통해서 현대중국의 속도감과 아노미를 느껴보는 것도 흥미 있는 일이다.

1. 중국은 거대한 아침형 사회

저녁 9시가 넘으면 거리는 한산해지고 10시가 넘으면 중국인들은 불을 끄고 하나 둘씩 취침에 들어간다. 조명을 두른 건물만 불을 밝히고 섰을 뿐 12시가 넘은 거리엔 어둠과 정적만 가득 찬다. 밤 문화를 거의 찾아보기 힘들 정도로 중국의 밤은 고요하다.

이와는 대조적으로 중국의 아침은 그야말로 활기차고 역동적이다. 새벽 5,6시만 되면 공원에 사람들이 삼삼오오 모여들어, 곧 20, 30명씩 대형을 이루어 음악에 맞춰 태극권, 부채춤, 사교댄스 등 헤아릴 수도 없이 다양한 놀이들을 즐

베이징 왕징의 공원에서 태극검을 연마하는 아주머니들의 모습.

칭화대학 아침 등교길의 거대한 자전거 떼.

기며 아침을 맞이한다. 애완견과 함께 조깅이나 산책을 하는 사람들과 각종 아침 운동을 하는 사람들로 공원마다 발 디딜 틈이 없을 지경이다. 이 같은 풍경은 남방이든 북방이든 중국 어딜 가나 공통적으로 찾아볼 수 있다.

거리는 또 어떠한가. 아침 6시면 벌써 자전거 행렬이 시작되고, 아침 시장에서 야채를 사서 자전거 바구니에 담아 오는 할아버지, 아이를 자전거 뒤에 태우고 학교로 가는 할머니, 출근길에 오른 수많은 사람들로 아침 7시경 중국의 거리는 그야말로 자전거들의 천국이 된다.

이에 맞추어 초중고 각급 학교는 학생들을 7시30분까지 등교하게 하고 곧바로 수업이 시작된다. 우체국, 학교 등 각급 관공소들도 8시부터 정상업무가 시작된다. 반면 저녁에는 대형 상점들

왕징의 아침 시장. 보통 5시에 개장하여 10시까지 영업을 하는데 아침 일찍 가야 값이 싸고 신선한 야채와 과일을 살 수 있다.

도 9시면 거의 문을 닫는다.

아침형 인간론의 권위자인 사이쇼 히로시의 주장대로라면 중국인은 인생을 두 배로 사는 아침형 인간들이고, 중국은 거대한 아침형 사회인 셈이다. 사이쇼 히로시가 가장 이상적인 수면 시간이라고 말하는 밤 11시부터 다음 날 아침 5시까지의 취침 시간과 중국인들의 취침 시간은 거의 정확하게 일치하고 있다.

내가 아는 칭화대학의 란(藍) 교수는 저녁 10시에 자서 새벽 4시에 일어나며, 낮 12시 점심 식사 후 1시간의 오침(午寢)을 즐기는 생활습관을 30년 넘게 지켜오고 있다고 했다. 그러면서 란 교수는 교환 교수로 부산대학에서 1년 동안 강의를 한 적이 있는데, 많은 한국 학생들이 전날의 과음과 늦잠으로 아침 수업에 지

대형 수퍼마켓 체인점임에도 영업시간은 아침 8시 30분에서 밤 9시까지이다.

각하거나 결강하는 것을 자주 보았다고 지적했다.

최근 베이징에 한국 유학생들이 크게 늘어나면서, 이런 생활 시간대의 차이로 인한 크고 작은 마찰들이 빈번하게 발생하고 있다. 활동 시간대가 주로 밤인 부엉이형 유학생들이 심야의 음주와 고성방가, 혹은 오토바이 소음으로 중국인들의 잠을 자주 방해한다는 것이다.

중국인들의 일과는 보통 8시에 시작되며 12시까지 오전 근무를 마치고 2시까지 비교적 긴 점심시간을 갖는다. 그 시간을 이용하여 오수(午睡)를 즐기는 사람이 많지만, 중국이 시장경제에 편입되면서 경쟁이 치열해지자 그 수가 크게 줄어 들고 있다. 그리고 오후 2시에서 6시까지 근무하는 것이 일반적인데, 일과가

급격한 사회 변화와 치열한 생존 경쟁구조 하에서 중국인들의 고민도 깊어가고 있다.

끝나고 저녁 모임을 갖더라도 식사와 술을 함께 하고 별도의 술자리를 갖는 경우는 거의 없다. 늦어도 9시면 모임이 끝이 난다.

그러나 도시화와 함께 서구문화가 중국에 유입되면서 중국인들의 이런 생활 패턴에도 변화가 오고 있다. 불면증에 시달려 잠 못드는 중국인들이 늘어나고 있는 것이다. 최근 중국수면연구회가 밝힌 자료에 따르면, 중국 도시 주민들의 38.2%가 불면증에 시달리고 있으며, 3억에 달하는 인구가 불면증 증세를 보이는 것으로 조사되었다.

이런 통계수치는 단순히 개인적인 건강문제 때문만은 아닌 듯 싶다. 10%대에 육박하는 높은 실업률, 격변하는 사회와 치열해지는 경쟁 속에서 점점 더해가는 스트레스 등 오늘날 전체적인 중국사회의 문제점들을 내재하고 있는 것은 아닐까.

거대한 아침형 사회인 중국! 경제성장에 대한 요구와 기대가 높아지면서, 그 치열한 경쟁에서 살아남기를 모색하는 중국인들에게 잠 못 드는 밤은 갈수록 더 늘어만 갈 것 같다.

 **다이어트해서 살 세 근 뺐어!**

중국인들은 무엇이든지 저울로 무게를 달아서 사고 판다. 진시황이 최초의 통일왕조를 이룬 다음 도량형을 통일한 역사 때문일까? 처음 중국에 갔을 때는 적응이 되지 않아 믿음도 가지 않고 불편했지만, 나중에는 그것이 오히려 합리적이고 셈도 정확하다는 생각이 들었다.

과일도 갯수가 아니라 한 근(500g)에 얼마해서 무게로 달아서 판다. 그래서 크기는 자기가 마음대로 고를 수 있다. 심지어는 밥, 계란, 가스도 그렇다.

산모가 애를 낳으면 몇 근인지 묻는다. 중국친구가 몸무게를 물으면 "어 140근이야" 이렇게 대답해야 한다. 여학생들은 다이어트를 해서 살을 몇 근 뺐는지가 관심사였다. 물론 소고기, 돼지고기도 근으로 달아서 판다.

2. 외제 자동차와 삼륜차가 빚어내는 카오스

　베이징(北京)대학 동문을 나설 때는 자전거에서 내려야 한다. 바오안(保安, 일종의 수위)에 대한 예의의 표시이자 대학의 권위를 존중하는 의미이다.
　베이징대학 동문 앞은 몰려드는 차들과 자전거, 그리고 사람들이 뒤엉켜 늘 혼잡스럽다. 퇴근 시간과 학생들의 하교 시간이 다가오면 버스, 자동차, 자전거떼, 사람들이 뒤섞이며 만들어 내는 도로 위의 혼란은 그야말로 대장관이다.
　중국의 실리콘밸리로 불리며 중국 IT산업의 요람인 중관춘(中關村)이 바로 옆에 자리잡고 있기도 하지만 좌회전 신호가 없는 신호 체계와 기본적으로 그 신호를 무시하는 자전거와 보행자들의 무질서가 교통 흐름을 더욱 더디게 한다.
　사람들에 묻혀 이게 바로 '무질서의 편리함' 이거니 하며 신호

등을 무시하고 간신히 길을 건넜다. 그리고는 칭화(淸華)대학 쪽으로 방향을 잡고 내려가려는데 웬 아주머니가 다가와서는 "CD 있어요" 하고 조그맣게 말을 건넨다. 호기심에 "한 장에 얼마냐"고 물으니 10위엔(1300원)이라고 한다. "싸게 해 줄 수 있느냐"고 하니까, 8위엔까지 해 주겠단다.

사실 1997년 중국에서 불법 복제가 막 고개를 들고 기승을 부리던 시절에는 아주머니가 호객을 하던 그 건너편에 다오반(盜版, 불법복제CD)을 파는 가게들이 즐비했다. 지금은 베이징대학 동편으로 널따란 도로가 나 있지만, 중국은 그때부터 지금까지 선진국의 수많은 소프트웨어와 영화, 음반 등의 문화상품들을 '다오반'이라는 이름으로 값싸게 향유해 오고 있는 셈이다.

이제 중국의 국조(國鳥)가 '디아오처(吊車, 고층 건물 공사에 사용되는 골리앗 크레인)' 라고 할 정도로 베이징은 거대한 공사장이 되었다. 베이징대학 동편 울타리 옆에도 높은 디아오처가 날개를 펼치고 앉아 있다. 석양을 받으며 우람하게 올라가는 건축물에 비해 그 아래에 있는 인부들의 허름한 숙소는 더욱더 초라하게 보여진다.

자전거, 삼륜차, 이층버스가 함께 질주하는 거리. 현대화의 과정 중에서 변하고 있는 다양한 중국의 모습일 것이다.

길거리에도 호화 외제 자동차가 굴러가는가 하면 그 곁으로 우마차가 지나가고 이층버스와 재활용품 회수용 삼륜차도 서로 뒤섞여 달린다.

현대식 아파트가 들어선 도심 주변으로 도 짐과 파일을 실은 우마차의 전근대가 뒤섞여 흘러가고 있다.

중국의 자동차의 수요는 급증하고 있다. 2004년 1/4분기에만 130만 대의 자동차가 생산되고 128만 대가 판매되어 전년 동기 대비 29%의 증가세를 보였다. 자전거도로에 대한 효율성 문제가 제기되면서 슬그머니 자전거도로가 없어지고, 그곳에 자동차 주차장과 주유소가 들어서기도 한다.

중국의 경기가 과열되면서 거액의 자본이 부동산과 자동차시장으로 몰려 5만 위엔 상당의 소형차에서 한 대에 수 십만 위엔을 호가하는 고급외제차량까지 우리나라보다 더 다양하고 호화스런 차량들이 도심을 가득 메워가고 있다. 2004년 한 해 동안만 500만 대 이상의 차량이 증가했으니 중국이 세계 최대의 자동차 시장으로서 세계자동차산업의 최대 격전지가 된 셈이다.

외제 자동차와 삼륜차가 빚어내는 카오스

베이징의 도로망은 자금성을 중심으로 원형으로 확대되는데 사진은 네 번째 동그라미인 사환(四環)의 모습이다. 많은 자동차, 낮은 질서의식으로 인한 교통사고 등으로 자주 막힌다.

서민들에게 자동차는 꿈도 꿀 수 없지만 자가용을 소유한 부유한 중국인들은 복잡한 시내 중심보다는 도심 외곽 골프장 근처의 별장에 주거지를 마련하고 차를 타고 출퇴근하는 새로운 풍속도를 만들어 가고 있다. 자전거 위에서 느껴보지 못한 속도감과 편리함을 누리고 있는 셈이다.

경제력이 있는 손 큰 젊은이들을 타깃으로 한 한 백화점 광고. 서민들에게는 그저 '그림의 떡'이다.

도로변으로 걸린 삼성의 MP3 광고나 백화점 광고가 끝이 보이지 않게 길을 따라 이어져 있다. 오른편으로 청푸(成府)초등학교를 지나니,

184 변화의 회오리, 카오스의 덩어리

학교를 마친 아이들이 허름한 집 앞에서 과자를 나눠 먹고 있다.

거리에서 만난 한 여자아이. 그녀의 꿈은 부자가 되는 것이었다.

그 학교를 다니는 것으로 보이는 어린 학생들이 허름한 집 앞에서 과자를 나눠 먹고 있다.

 길가에 자리잡은 자전거 수리점, 복사가게들. 미장원에는 손님

외제 자동차와 삼륜차가 빚어내는 카오스

거리에서 가위 하나 의자 하나로 이발을 해 주는데 2~3위엔 이면 된다.

이 별로 없는지 종업원들의 시선이 지나가는 사람들을 따라 움직인다. 그들은 모두 필경 고향을 떠나와서 간단한 기술을 배워 그걸로 먹고 사는 베이징의 중심에서 밀려나 여기까지 오게 된 사람들일 것이다.

자전거 바퀴에 바람이 없어서 자전거포에서 1마오(毛, 13원)를 주고 바람을 넣는다. 복사가게에는 A4용지 한 장 복사에 7펀(分, 10원)이라는 글귀가 손님을 호객한다. 미장원 아가씨에게 이발비를 묻자 머리를 감겨 주고 드라이까지 해 주고 5위엔(650원)이라고 한다.

중국에서 소비 패턴은 각자의 경제적 조건에 따라 얼마든지 다양해질 수 있다. 상한가는 가늠할 수 없을 정도로 높고 5위엔의

길가에는 주로 간단한 기술을 배워 차릴 수 있는 자전거 수리점과 미장원이 들어서 있다.

이발비도 아끼려는 사람은 길거리 이발사에게 2~3위엔에 이발을 할 수도 있다. 이 모든 것이 엄청난 빈부격차가 만들어 내는 문화의 다양한 스펙트럼인 셈이다.

이렇게 근대와 전근대, 부(富)와 빈(貧)이 교차되고 뒤엉키며 거대한 문화 퇴적층을 이루고 있는 것이 오늘날 중국의 모습이다.

세숫대야에 더운 물을 받아 머리를 감던 아저씨는 그 물을 아이들이 노는 먼지 나는 마당을 향해 내다 버린다. 그리고 허리를 펴는 그 아저씨의 시선이 한참 머무는 곳을 향해 돌아서니 베이징대학의 쉐이타(水塔) 너머로 아름답게 노을이 지고 있다.

그 대자연의 아름다움 앞에서 세상의 모든 것이 잠시 평화롭게

외제 자동차와 삼륜차가 빚어내는 카오스

베이징대학의 쉐이타(水塔) 너머로 아름다운 노을이 지고 있다.

멈춰서는 듯하다. 아니, 이곳에 사는 사람들에게는 이미 무뎌져 버린 일상의 그렇고 그런 풍경일지도 모르겠다. 먼지가 많은 중국에서 보는 석양은 유난히 더 붉고 곱다.

칭화대학 서문 돌사자상을 지나 자전거를 내리려는데, 다들 그냥 자전거를 타고 교문을 들어선다. 이곳은 이미 그 형식적인 권위를 내던졌다는 의미일까. 내 곁을 지나간 한 무리의 자전거떼는 칭화대학 서문을 지나 상띠(上地) 방향으로 빠르게 흘러간다.

중국을 읽는 또 하나의 부호, 자전거

자전거 신호등.

중국은 그야말로 거대한 '자전거 왕국'인 셈이다. 대륙 위를 굴러다니는 자전거는 약 3억대, 매년 3천 5백만 대씩 여전히 늘고 있다.

중국의 수도 베이징도 자전거의 천국이다. 베이징은 도로 경사도가 5도를 넘지 않아 자전거 타기에 안성맞춤이고, 자전거 도로, 자전거 신호등, 자전거 주차장 등이 잘 갖추어져 있는 편이다.

중국생활은 자전거로 시작해 자전거로 끝난다고 해도 과언이 아니다. 학교에서 수업을 듣더라도 자전거가 없으면 넓은 캠퍼스의 강의실을 오가기가 힘들 정도이다. 그런데 문제는 자전거가 중요한 생활필수품이다 보니 자전거 도둑이 많다는 것이다.

중국에 가자마자 대학선배에게서 물려받은 자전거를 포함하여 중국생활 3년 동안 모두 5대의 자전거를 잃어버렸다. 나무에 묶어둔 자전거는 나무를 베고, 쇠로 된 구조물은 땅을 파서 그 아래로 자물쇠를 내려 가져간다. 특히 바람이 부는 날 자전거 도둑이 많은데, 넘어진 자전거를 일으키는 척 하면서 만능열쇠로 자물쇠를 풀어서 훔쳐간다.

중국인들의 느슨한 교통의식은 어쩌면 어렸을 때부터 자전거를 타면서 자신도 모르게 습득되는 것 같기도 하다. 중국에도 '마이카 시대'가 열리고 자전거가 교통 흐름을 오히려 더디게 한다는 논란도 있지만, 출퇴근에서부터 통학, 쇼핑, 여행까지 자전거는 여전히 중국인들에게 근거리 이동의 가장 유용한 교통 수단으로 변함 없이 사랑받고 있다.

외제 자동차와 삼륜차가 빚어내는 카오스

3. 중국 대륙은 지금 '성혁명' 중

"나의 부인이 되어 주시오!"

"제게 무슨 다른 방법이 있겠어요. 당신의 아내가 되어야지요."

레닌이 그의 부인 크룹스카야에게 사랑을 고백하는 장면이다. 그는 혁명가답게 사랑에 있어서도 시원시원하고 단도직입적이었다. 사회주의국가인 중국 젊은이들의 사랑에 대하여 흔히들 개방적이지 못하고 보수적일 것이라는 선입견을 갖는다. 하지만 중국인들의 사랑은 이와는 반대로 다분히 레닌적이라고 할 만하다.

처음 중국에 갔을 때, 연인으로 보이는 남녀가 서로 각각 자기 자전거에 앉은 채 길게 고개를 앞으로 내밀어 입을 맞추던 장면을 지금도 잊을 수가 없다.

베이징대학 미명호 (未名湖) 호수가에서 포옹하며 사랑을 속삭이는 중국의 젊은 연인.

칭화대학 캠퍼스에서도 과감한 애정표현을 자주 목격하게 된다. 대학생들의 노골적인 애정표현에 광동성의 한 대학은 교칙으로 이성간의 과도한 신체접촉을 막고 있을 정도다.

　중국 젊은이들의 사랑은 뜨겁다. 중국 젊은이들은 거리나 공원, 캠퍼스와 한적한 숲길, 어디든 주위의 시선을 아랑곳하지 않고 그들의 사랑을 펼쳐 놓는다. 대낮에도 주위 시선을 아랑곳하

중국 대륙은 지금 '성혁명' 중

지 않고 목을 껴안고 포옹이나 키스를 하고, 심지어는 낯뜨거운 자세로 사랑을 주고받기도 한다. 공개적인 장소에서의 대담하면서도 거침없는 애정 표현에 대해 퇴폐적이지 않은 건강성이 내재되어 있다고도 평가하기도 하고, 개혁 개방 이후 천박한 서구의 성문화가 중국에 잘못 전해진 것이라고 폄하하기도 한다.

어쨌든 길거리와 공원 등에서의 공공연하고도 과감한 애정 표현은 중국적 특색의 사랑법으로 우선 '결혼증명서가 없으면 남녀가 함께 여관이나 호텔에 투숙할 수 없다'는 현실적인 법체계에도 그 원인이 있었던 것으로 보인다.

2월 14일 발렌타인데이를 중국은 칭런지에(情人節)라 부른다. 이날 중국의 거의 모든 극장들은 심야극장을 운영하며 연인들의 발길을 모은다. 우리나라 극장과는 달리 중국의 극장 중에는 연인들이 함께 나란히 앉을 수 있는 2인용 좌석이 있다. 우리나라의 독서실처럼 칸막이가 되어 있어 중국의 많은 연인들이 극장에서 함께 영화를 보며 더욱 친숙해지는 시간을 갖는 것이다.

아이를 한 명밖에 낳을 수 없는 인구 정책을 펴고 있는 중국정부로서는 어렸을 때부터 학생들에게 피임이나 성에 대한 기본적인 교육을 해야만 했다. 그 과정에서 중국의 청소년들은 자연스럽게 성에 대한 개방적인 인식들을 갖게 된 것 같다.

〈베이징천빠오(北京晨報, 2003년 10월 23일자)〉는 베이징의 3000여 학생을 대상으로 한 설문조사 결과를 소개하며, 1989년 첫 자위행위의 평균연령이 남학생이 14.49세, 여학생이 14.3세이던 것이, 1999년에는 남학생이 12.64세, 여학생이 10.72세로 낮아졌다고 밝혔다. 이에 헤이룽장(黑龍江)성은 2003년부터 초등학생용 성교육교재를 발간하여 조기 성교육을 실시하는 등의 대책을 내놓고 있다.

주택가나 길거리 곳곳에 피임도구인 콘돔을 파는 자판기가 설치되어 있지만, 중국인들은 그것을 생활필수품처럼 여기는지 별다른 거부반응이나 관심거리로 여기지 않는 듯했다.

급속한 중국의 경제 성장과 의식구조의 서구화도 성(性)의 개방화를 촉진하고 있다. 그리고 남성과 동일하게 사회적 생산에 참여하고 있는 중국여성들의 활동력과 추진력이 남녀관계에 있어서도 적극적이고 개방적인 사랑표현으로 이어지는 것이 아닌가 보인다.

그런데 최근 중국에는 현대화된

칭런지에(情人節) 때, 심야 극장의 영화 광고.

아파트 단지 내에 설치된 피임기구 자판기.

중국 대륙은 지금 '성혁명' 중

소비패턴을 가진 자유분방한 청소년들이 유흥비를 벌 목적으로 혹은 쾌락을 추구하는 방편으로 매춘업에 뛰어들고 있어 심각한 사회 문제가 되고 있다.

1949년 중화인민공화국 건국 이후, 중국은 전국의 8400여 곳의 매춘업소를 모두 폐쇄하고 매춘부 전원을 교육하여 직장에 재배치함으로써 매춘을 일소하였다. 실제로 사유제가 사라지고 집단노동에 종사하면서 중국에서 매춘이 거의 자취를 감추었다. 중국정부는 1964년 중국에서 모든 성병이 사라졌다고 공표하기도 했다.

그러나 인류 역사상 가장 먼저 생겨난 직업이라는 매춘은 중국의 개혁개방과 경제발전의 가속화에 따라 30여 년 간의 긴 동면에서 조금씩 깨어나, 지금은 중국전역에서 다시 창궐하고 있다.

중국 런민(人民)대학의 판쑤에이밍(潘綏銘) 교수는 중국의 매춘부는 1993년 이미 500만 명을 넘어섰고, 지금은 실업인구의 증가로 많은 여성들이 매춘에 발을 들여놓고 있어서 매춘부가 전 인구의 0.8%에 해당하는 1천만 명을 넘어선 것으로 보인다고 밝혔다. 중국은 현재 수 백억 위엔 대의 '색(色) 있는 자본'이 흘러 다니고 있는 셈이다.

매춘이 없으므로 매춘관련 법규도 필요 없다는 입장을 고수해 오던 중국정부는 매춘현실을 인정하고 매춘을 위법 범죄행위로 명기하고 있지만, 법망을 빠져나가며 교묘해지는 매춘 수법을 관련 법규가 따라가지 못하고 있는 실정이다.

코리아 타운으로 불리는 왕징의 아파트 1, 2층까지 안마시술소가 들어와 있다.

중국어에 "돈 없는 거지는 비웃어도 돈 있는 창녀는 비웃지 않는다(笑貧不笑娼)"는 말이 있다. 급작스러운 산업화 과정에서 윤리의식이 상실되고 금전만능주의가 팽배한 중국사회의 일면을 잘 느끼게 해주는 한 마디이다. 돈만 벌면 되지 그 과정이나 방법은 묻지 않는다는 사회풍조가 매춘을 조장하고 있다. 흰 고양이이든 검은 고양이이든 쥐만 잘 잡으면 된다는 중국식 마키아벨리즘인 셈이다.

〈상하이 성교육학회〉와 〈상하이 부녀노동 교양소〉가 합동으로 153명의 매춘부를 대상으로 실시한 설문조사에서 매춘을 하게 된 동기에 대해 응답자의 33.8%는 돈을 벌기 위해, 20.1%는 쾌락을 쫓기 위해, 13%는 남자에게 복수하기 위해, 10.4%는 가정

곤란 때문에, 8.4%는 중매인에게 속아서라고 대답했다.

매춘부의 56.5%가 중졸이고, 매춘부 부모가 문맹인 경우는 42.2%에 달했다. 또한 매춘부중 기혼녀가 31.2%나 되었으며, 그중 65%가 이혼녀이고, 35%는 결혼생활을 하면서도 매춘을 하고 있었으며, 36.4%의 남편들이 매춘사실을 알면서도 경제적인 이유로 용인해주고 있는 것으로 밝혀졌다.

서구 성 개방 풍조의 영향으로 성 수치감이 없어지고 중국의 급격한 변화에 부적응하거나 정리 해고된 여성들, 가난하고 배운 것이 없는 젊은 여성들이 사회진출의 출로가 막히자 매춘을 선택하게 되는 경우 외에도, 기혼 여성인 경우에는 남편의 상습적인 폭력으로 이혼을 하고 자포자기 심정과 복수심에서 혹은 가정의 경제적 어려움을 해결하기 위한 방편으로 매춘을 하고 있는 것으로 드러났다.

보편화된 매춘은 에이즈로 이어져, 중국은 1985년 처음으로 에이즈 환자가 발생한 이후 경제발전과 함께 지속적으로 그 숫자가 증가해 왔다. 현재 중국의 에이즈감염환자는 최소한 84만 명 이상으로 추산되고 있다. 에이즈 환자가 매년 20~30%씩 증가하고 있으며, 에이즈환자의 평균 수명은 18개월이다. 에이즈 환자 84만 명 가운데, 4만 명은 관리를 받고 있지만, 80만 명은 아직도 대책 없이 일상생활을 하고 있어 2차 감염 우려도 높은 실정이다. 세계보건기구는 중국의 에이즈 환자가 2010년이면 1000만 명에 달할 것이라고 내다보고 있다. 갈수록 개방되는 성

문화와 점점 극성을 부리는 매매춘 그리고 연 수입이 1000위엔 미만인 농촌 지역 주민들의 무분별한 매혈(賣血) 등이 에이즈 확산을 부추기고 있다고 밝혔다.

중국의 유명한 작가 루쉰(魯迅)은 그의 작품 《광일일기》 마지막 구절에서 사람을 잡아먹는 봉건예교로부터 "아이들을 구하라(救孩子)"고 역설하였다.

윤락 여성의 70%가 20세 이하인 상황에서 금전만능과 성도덕 타락의 현실로부터 '소년, 소녀들을 구하라'는 새로운 언명이 나올 만도 하다.

성(性)을 상품화하고 돈을 위해서는 매춘도 용인해 주는 사회적 분위기가 조성되고 있는 것이다. 성 접대가 기업문화의 관례처럼 굳어지면서 자연스럽게 매춘부에 대한 수요가 늘어났으며, 각 지방정부도 단속을 강화하기보다는 세수(稅收)를 늘리기 위해 매춘을 용인하는 분위기이다.

매춘행위를 용인해주고 그 업소 수입의 일부를 세금으로 징수하기도 하고, 심지어 최근 '처녀들의 매춘사건'이 신문지상에 수차례 보도된 것처럼 각 성(省)의 지방정부에 책정된 벌금할당량을 채우기 위해 처녀에게도 매춘을 했다는 명목으로 과징금을 부과하기도 한다.

2003년 3월 9일에는 장쑤(江蘇)성의 한 이발소에서 일하는 진레이(金磊)라는 20세의 여직원은 갑자기 출두한 공안(公安)에 의해 매춘혐의로 연행되었다. 공안국에서 그녀는 구타와 협박에 의

젊은이들의 개방적인 애정표현, 중국의 기성세대들은 곤혹스럽다.

해 매춘 사실을 시인해야 했다. 그녀의 아버지가 변호사를 고용하여 병원에 진단을 의뢰한 결과 진레이의 처녀막이 그대로 있다는 것이 확인되었다. 그러자 경찰은 그녀가 수음(手淫)과 구음(口淫)행위를 했다고 죄목을 뒤집어 씌웠고, 결국 그녀는 3000위엔의 벌금형을 받고 풀려났다.

급속한 자본주의과정에서 사회주의 모순과 자본주의 모순이 어우러지며 가치관의 혼란, 모럴 해저드 등으로 인한 아노미나 문화지체현상이 중국 사회를 좀 먹는 무서운 적이 되고 있다. 중국도 점점 이렇게 모든 것이 상업화되고 서구화(타자화)되어 간다는 생각들을 어쩔 수 없이 갖게 된다.

 ## 자살을 통해 본 중국사회

2003년 4월 1일 만우절, 거짓말처럼 홍콩의 영화배우 장국영(張國榮, 46세)이 자살했다. 그의 삶, 마지막 무대는 만다린 오리엔탈호텔(中華東方酒店) 24층 객실이었으며, 그의 마지막 연기는 추락과 죽음의 예술이었다.

세계적으로 한 해의 자살인구는 70만 명에 이르는데, 중국에서만 한 해 30만 명(세계 자살 인구의 43%, 2001년 통계 자료)에 달한다. 중국의 통계 구조상 실제 자살 인구는 훨씬 더 많을 것으로 추정된다.

이는 국제적으로 인구 10만 명당 평균 10명이 자살하는데, 중국은 인구 10만 명당 23명이 자살하고 있으며(우리나라는 15.5명), 지금도 중국에서는 2분 30초에 한 명꼴로 자살하고 있는 셈이다.

'모든 자살은 타살이다'는 말이 있다. 중국에서 일어나는 자살은 대체로 아노미적 자살에 해당되며 급격한 사회적 변화로 인한 사회규범의 혼란과 열악한 생활환경에서 기인하는 것으로 보여진다.

4. '히말라야산으로 시집가는' 중국 여성들

　2003년 9월 6일, 중국에서 가장 많은 결혼식이 치러진 하루였다. 사스(SARS)로 봄에 예정됐던 결혼식이 가을로 미뤄진 원인도 있고, 중국이 좋아하는 숫자 '9와 6' 이 모인 날에다가 음력으로도 8월 10일(둘 다 짝수로 신랑 신부 쌍쌍의 합일을 상징하는 숫자)이어서 소위 길일(吉日)이었기 때문이다.
　지금까지 중국에서의 결혼은 22세 이상의 성인 남자와 20세 이상의 성인 여성이 신체 검진서와 미혼증명서를 자신들이 다니는 직장에 제시하여 비준을 받고, 이를 자신의 호구(戶口) 관할지에 제출하면서 결혼을 신청하면 결혼증명서가 나오는 방식이었다. 그러나 2003년 10월부터 시행된 〈혼인등기조례〉에서는 직장의 비준제를 폐지하기로 함에 따라 결혼 절차가 크게 간편해졌다.

2003년 9월 6일 베이징 시내 곳곳에서 결혼식을 마친 신혼부부와 꽃을 든 하객들을 볼 수 있었다.

    지금까지 중국인이 결혼과 이혼 시 필요했던 직장의 비준제가 폐지됨에 따라 정부당국이나 직장이 개인의 혼인 문제에 관여할 수 없게 된 것이다.

    또 2003년 7월부터는 결혼 증명 없는 남녀의 동거를 금지한 조항을 삭제시킨 새로운 〈임시거주인구관리조례〉가 통과되면서 중국에서도 혼전 동거가 확산될 것으로 보인다.

    결혼증명서 절차가 끝나면 신혼부부는 택일을 하고 친지와 지인들을 불러 결혼식을 치른다. 예식장이나 식당에서 간단한 결혼의식을 치르고, 우리나라의 결혼피로연과 비슷한 풍경으로 축하연을 베풀어 준비한 음식, 술, 담배, 사탕 등을 나누어 먹으며 축하의 뜻을 전한다.

결혼의 '혼(婚)'자는 과거에는 계집 녀(女) 변이 없는 저물 '혼(昏)'자를 썼다. 그것은 아내를 황혼에 맞이했기 때문이다. 민속학적으로 인류 원초의 혼인 방식은 약탈혼이어서 신랑이 친구들을 데리고 신부감을 빼앗아왔다고 한다. 황혼 때 땅거미가 지면 신부감을 빼앗기에 가장 적절한 시간이었으므로, 저녁 '혼(昏)자'를 쓰다가 후에 계집 女변을 더하여 오늘날과 같이 혼인할 '혼(婚)자'를 쓰게 된 것이다.

영어에서처럼 중국어에서도 '김부인(金太太)!' 하면 부인의 성이 김이 아니고 남편의 성이 김임을 말한다. '혼(婚)'이라는 것이 '여자(女)의 성씨(氏)를 바꾸는 날(日)'이라는 뜻도 담고 있는 것이다.

어쨌든 과거 중국에서 남자가 여자를 훔쳐온다는 약탈혼의 개념이 현대로 오면서 '신부를 산다'는 매매혼의 개념으로 바뀌어, 지금도 중국의 결혼풍습에 상당부분 남아 있다. 그래서 중국 남자들은 결혼비용 중 거의 대부분을 부담하고 있으며 비싼 주택 임대료와 결혼식 비용에 몹시 괴로워하고 있다.

보통 도시에서 결혼식을 올리는 경우 10만 위엔 정도(1300만원)의 결혼식 비용이 드는데, 이는 중국 젊은이들의 4년 이상의 월급에 해당되는 돈이다. 10만 위엔의 결혼비용을 쓴 신혼부부의 경우 가전제품 구입에 3만 위엔, 실내장식에 2만 위엔, 가구 구입에 8천 위엔, 연회비에 3만 위엔 정도를 쓰는 것으로 조사되었다.

웨딩포토를 찍고 귀가하는 신혼부부. 웨딩포토는 최근 중국 젊은이들 사이에 크게 유행하고 있다.

중국이 정책적으로 만혼을 장려하고 있는 상황에서 30세 성인 남자라고 하더라도 스스로 그 많은 결혼비용을 벌어서 결혼하기는 사실상 어렵다. 자연히 부모들의 부담이 늘어나고 빚을 지는 경우도 많다. 결혼남녀의 20% 정도가 평균 1,2만 위엔 정도의 혼수 빚을 지고 있는 것으로 나타나고 있다. 자연히 결혼 풍속도도 바뀌고 있다.

"50년대에는 영웅과, 60년대에는 빈농과, 70년대는 군인과, 80년대는 학력과 결혼하고, 90년대에는 히말라야산으로 시집을 간다" 는 말은 시대에 따라 변화하는 중국인의 결혼관을 잘 설명해 주고 있다. 50년대에는 당 조직의 소개에 따라 항일영웅이나 전쟁, 건국영웅들과의 결혼이 추앙을 받았고, 60년대에는 문화

웨딩카에 '같은 마음으로 영원히 함께한다'는 영결동심이 그저 문구일 뿐이다.

대혁명의 소용돌이 속에서 프롤레타리아 계급인 농민과 노동자 출신이 환영을 받았다.

70년대에는 안정적인 군인들이 인기가 있었고, 80년대에는 전문지식을 가지고 학력이 높은 지식인들이 매력적인 신랑감으로 뽑혔다. 90년대 이후에는 특정 직업이나 출신을 막론하고 그야말로 히말라야산처럼 높은 고소득, 고학력, 고지위의 신랑감이 환영받고 있다는 것이다.

또한 새로운 조례 이후 결혼하기도 쉬워지지만 이혼하기는 더욱 더 쉬워질 전망이다. 이혼 사유의 3분의 1이 혼외정사이며, 경제력을 가지게 된 여성이 이혼을 먼저 제기하는 경우도 많다. 이혼이 봉건적인 부권에서 해방되고자 노력하는 중국 여성들의 해방구처럼 여겨지는 분위기다.

부부가 재산 분배, 채무, 아이 양육 문제 등에 합리적으로 합의만 하면 곧바로 이혼 수속이 가능하고 법정에서는 10분만에 판결이 난다. 서점에서는 이혼 관련 법률서적이 불티나게 팔리고 있다. 중국에서 이혼이 얼마나 보편화하고 있는지 쉽게 짐작할 수 있다.

이 같은 상황에서 결혼은 1998년 8백91만 쌍이던 것이, 2002년에는 7백86만 쌍으로 줄어든 반면, 이혼은 지난 5년 동안 연평균 1백20만 쌍에 달하고 있다.

또한 서방의 자유화와 성 자유 사상의 영향을 받은 급속한 변혁기에 놓인 중국에서 결혼은 선진국이나 인접국가(타이완, 한국, 일본 등)로의 이민이나 이주를 위한 도구, 혹은 도시로의 호구(戶口) 이전이나 신분 상승을 위한 수단으로 악용되는 측면이 있다. 급속한 경제성장 과정에서 모럴 해저드와 성에 대한 가치관의 변화, 게다가 봉건적인 남존여비 사상까지 가미되어 중국은 지금 그야말로 성에 대한 극심한 가치의 혼란을 경험하고 있다.

시대에 따라 중국인의 결혼관은 변화해 왔다. 유교적 전통의 영향으로 허례허식이 많았다는 것에 대한 반성보다는 오히려 급속한 경제성장 이후 씀씀이가 커진 중국의 젊은이들에게 결혼은 더욱더 대형화, 서구화, 물질화되어 가는 듯해 씁쓸하고 아쉬운 면이 많다.

 나이를 초월한 사랑

1957년 35살의 젊은 나이로 노벨물리학상을 수상한 중국 출신 과학자(미국 국적) 양전닝(楊振寧)이 54살 연하의 대학원생인 웡판(翁帆)과 결혼하여 세상을 깜짝 놀라게 하였다. 2004년 12월 결혼할 당시 양전닝은 82세, 웡판은 28세였다.

중국의 네티즌들은 '늙은 소가 부드러운 풀을 찾는다(老牛吃嫩草)'고 비꼬았지만, 중국의 유명주요 인사 가운데 양전닝처럼 '왕니엔리엔

장제스와 쑹메이링의 결혼사진.

〈송가황조(宋家皇朝)〉의 세 자매. 첫째 딸 아이링(앞)은 산시(山西)성 최대 금융부호였던 쿵샹시(孔祥熙)와, 둘째 칭링(뒤 왼쪽)은 국부 쑨원과, 셋째 메이링(뒤 오른쪽)은 국민당 총수 장제스와 각각 결혼함.

(忘年戀, 나이를 잊은 사랑)'의 경우가 적지 않다.

1915년 10월 25일, 중국 혁명의 아버지로 추앙받는 쑨원(孫文)은 당시 49살이었는데 여비서로 일 하던 22살의 쑹칭링(宋慶齡)과 일본 도쿄에서 결혼했다. 쑹칭링은 쑨원의 혁명자금을 지원했던 쑹루야오(宋如耀)의 둘쨋 딸이었으니, 바로 아버지의 친구와 결혼한 셈이다. 1927년, 40살의 장제스(蔣介石)는 쑹칭링의 동생인 30살의 쑹메이링(宋美齡)과 네 번째로 결혼했다.

1928년, 징강산(井岡山) 시절 35살의 마오쩌둥(毛澤東)은 당시 19살이던 혁명투사 허쯔전(賀子珍)과 세 번째로 결혼했으며, 1976년 9월 9일, 83세 마오쩌둥의 임종을 지킨 것은 32살의 세 번째 애인 장위펑(張玉鳳)이었다.

1928년, 중국현대문학 최고의 작가인 47살의 루쉰(魯迅)은 17살 연하의 제자 쉬광핑(許廣平)과 두 번째로 결혼했다.

1944년, 중국현대문학 최고의 여작가로 뽑히는 당시 23살의 장아이링(張愛玲)은 15살 연상인 중국의 매국노로 불리는 후란청(胡蘭成)과 결혼했으며, 미국으로 망명한 이후에는 30살 연상인 미국 작가 페르디난드 레이어(Ferdinand Reyher)와 두 번째 결혼을 하기도 했다.

5. 중국, 마라톤형 계층사회

중국의 사회구조 변화를 흔히 피라미드 계층 구조에서 마라톤형 구조로 바뀌었다고 말한다. 개혁 개방 이후 구조적 원인에서 기인하는 엄청난 빈부격차로 인해 소수의 상류층을 다수의 하층민이 떠받들고 있는 피라미드 형태는 중국사회의 계층 양상을 잘 대변해 주었다.

그러나 최근 급속한 경제 발전으로 이 같은 피라미드의 와해 현상이 일어나고 있다. 급속한 사회의 변화에 적응할 수 없는 사람들이 더 이상 그 피라미드의 계층 구조 안에 머물 수 없게 된 것이다. 빈부격차, 사회적 지위의 고하, 계급적 모순 등에도 불구하고 그나마 유지되던 피라미드형 사회구조가 구성원들의 이탈로 붕괴되기 시작한 것이다.

프랑스의 저명한 사회학자 뚜랭(Touraine)은 급속한 사회 변화와 발전의 속도를 따라가지 못하고 기본적인 사회구조에서 이탈하는 사회구성원이 증가하는 양상의 사회구조를 '마라톤형 사회구조'라고 정의한다.

매년 8% 이상의 고도성장을 거듭하는 중국, 그러나 그 성장과 발전의 속도를 따라가지 못하는 9억에 가까운 농민과 도시빈민들은 사회구조 최저 밑변의 자리에서도 조금씩 밀려나고 있다. 경제 발전이라는 하나의 목표를 향해 달려가는 마라톤 대열에서 조금씩 뒤쳐지던 그들은 이제 완전히 그 대열에서 벗어나 그들만의 길을 따로 걷고 있는 것이다.

2001년 12월 11일, 중국이 세계무역기구(WTO)에 가입한 이후 국유기업의 구조 조정 등으로 대량의 실업자가 발생하면서 사회구조에서 이탈한 중국인은 더욱 증가하고 있는 추세이다. 1억 2천만 명에 달하는 국유기업 종사자 중에서 앞으로 2~3년 내에 4천만 명 정도가 추가적으로 구조조정 될 것으로 전망된다.

동서지역간, 도농간 소득격차도 이미 심각한 수준이다. 2002년 통계에 따르면, 상하이의 1인당 소득(4915달러)은 최하위인 궤이저우(貴州, 350달러)의 14배에 달했다. 상하이는 2000~2002년에 1인당 소득이 1000달러 늘었으나, 산시(山西)는 50달러, 후베이(湖北)는 80달러 증가하는 데 그쳤다.

상하이 부자는 식당종업원에게 1000위엔(13만원)을 팁으로 뿌리는데, 2003년 1인당 연간 소득이 637위엔(77달러)을 넘지 못하는 절대 빈곤인구는 8500만 명을 넘어섰다. 게다가 2003년에는 자연재해와 환경적 요인으로 절대빈곤층이 80만 명이나 늘어났다. 만약 세계은행의 절대빈곤 기준선인 1인당 1일 1달러로 치면, 중국의 절대 빈곤층은 2억 명에 이른다.

상하이 와이탄의 화려한 조명과 야경. 상하이는 세계 어느 도시 못지 않게 현대화된 모습이다.

이탈리아의 사회학자 지니(Corrado Gini)에 의해 정립된 지니계수를 통해 중국의 사회구조를 보면 그야말로 소득의 분배와 분포가 얼마나 불균형하게 이루어지고 있는지를 잘 알 수 있다.

1949년 중화인민공화국이 성립되고 사회주의 개조가 성공적으로 진행된 시기의 중국은 그야말로 공동 노동, 공동 분배의 따궈판(大鍋飯, 큰 밥솥이라는 의미로 공동 집체 생활을 의미)시대였다. 비록 빈곤의 평등에 가까웠을지라도 당시 지니계수(사회평등지수, 완전평등사회 0, 완전불평등사회 1)는 0.2 이하였다. 1978년 개혁개방 이후 80년대 접어들면서 중국의 지니계수는 0.28이었고, 1995년에는 0.38, 90년대 말에는 0.458에 달했다.

세계은행이 발표한 중국경제 보고서에 따르면, 2020년에는 지니계수가 0.474로 높아질 것이라고 예상했다. 지니계수가 0.4를 넘으면 소득불균형이 심각한 상황으로 판단하며, 0.45를 넘어서면 극심한 빈부 격차에 불만을 품은 세력들이 폭동이나 혁명을 일으킬 수 있는 수준이라고 한다. 실제로 중국은 이미 프랑스혁

베이징 후통의 한 주택의 모습. 베이징의 번화가에서도 서너 골목만 안으로 들어가면 이 같은 후통을 볼 수가 있다.

명 당시의 지니계수를 이미 넘어서 있는 상태이다.

　빈민층의 분포가 지역적으로 광범위하고 의식수준이 낮기 때문에 별다른 움직임이 없는 상태지만, 사회적 유동이 많아지면서 극심한 빈부격차에 불만을 갖는 세력도 늘어날 것으로 보인다. 빈부격차 문제가 중국의 가장 불안한 화약고 역할을 하고 있는 셈이다.

　고든 G. 창(Gordon. G Chang)의 《중국의 몰락》등 다수의 중국의 위기와 분열을 예견하는 저서들은 지역성과 민족성을 띤 극심한 빈부 격차를 이론적 기조로 삼고 있다.

　그러나 한가지 간과할 수 없는 사실 중의 하나는 자본주의 맛을 본 부유한 중국인들은 빈부 격차를 줄이기 위해 과거의 절대 빈곤으로 돌아가길 원하지 않는다는 점이다. 부유층들은 지니계

여름철 베이징역 앞은 하나의 거대한 노천 여관으로 변한다.

수를 낮추는 것이 곧 분배의 합리와 사회의 진보를 의미하지는 않으며, 빈부 격차는 경제 건설과 사회 진보를 위해서는 불가피한 것이라고 주장한다.

경제건설을 목표로 개혁개방을 실시할 때부터 중국은 정책적으로 발전 가능성이 있는 지역부터 우선 집중 지원하고 그렇지 않은 지역은 발전에서 소외될 수밖에 없는 시스템을 도입했다. 강력한 지역적 배타성을 갖는 호구(戶口, 일종의 주민등록증 같은 것으로 사회주의시절 자유로운 주거이동을 제한하는 역할을 했으며, 현재도 농촌인구의 도시 대량이주를 막는 기능이 있다) 제도가 대표적인 제도적 장치였다.

빈부 격차의 심각성과 위험성을 잘 인지하고 있는 중국 정부는 앞으로 기회의 평등 자체를 저해하는 요소들은 조금씩 개선할 필

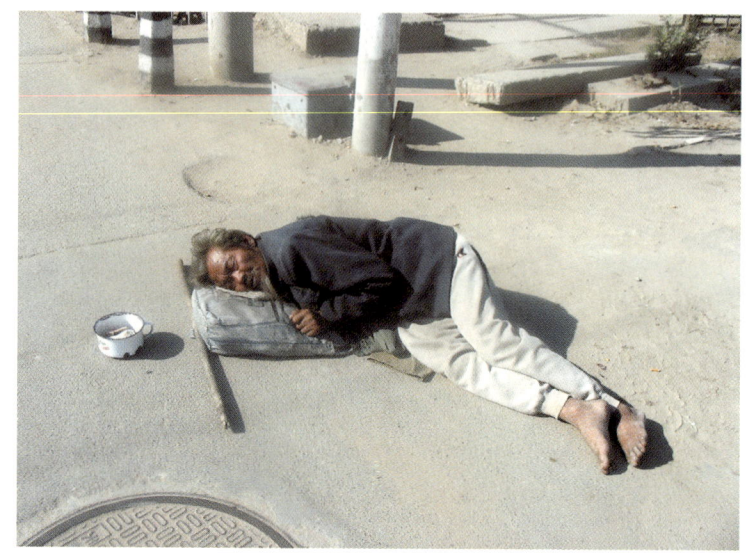

심각한 빈부격차로 피라미드형 계층구조에서 더 이상 머무르지 못하는 거지들을 쉽게 볼 수 있다.

요성을 느끼고 있다. 그래서 철저한 실력위주의 자유경쟁과 시장경제의 원리를 적용하되 보다 공정한 게임의 룰을 위해 기본적인 사회보장 등의 제도와 법제를 단계적으로 정비해 갈 것으로 보인다.

허쉬만이 '터널효과'를 통해 주장하는 것처럼 '성장'의 차선만 움직이게 하고 '분배'의 차선은 계속 기다리고 있으라고 하면, 언젠가 그 터널 안은 통제불능의 아수라장이 될 수 있다. 후진타오는 '균형되고 조화로운 발전'을 강조하며 늦게나마 분배의 중요성을 강조하고 있지만 이미 루비콘 강을 건너버렸는지도 모르겠다.

 ## 절대빈곤

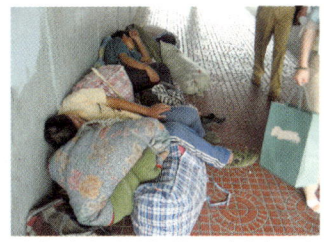

집이 없어 이불을 들고 다니며 노숙을 하는 빈민자들.

중국은 인구의 3분의 2에 달하는 9억 명의 농민이 있고, 3억 명은 농촌을 떠나 도시노동자로서 민공의 삶을 살아간다. 그리고 매해 500만 명의 농민들이 고향의 농토를 버리고 도시에 와서 노동자가 되고 있다. 3억 명의 민공 가운데 부랑아로 전락할 아주 극빈한 민공은 9400만 명이나 된다. 도시로 유입된 후 지속적으로 일자리를 보장받기 어려운 민공들이 새로운 도시실업자로 등장하고 있는 것이다.

니콜라스 크리스토프는 그의 저서 《중국이 미국 된다》에서 중국을 '수많은 약점과 거대한 힘이 혼재돼 있는 나라'로 묘사하고 있다.

사회보장제도가 열악한 상황에서 한 베이징 노인은 재활용품수거를 통해 생계를 이어간다. 공무원이나 직장 퇴직자는 연금혜택을 받지만 일반근로자들에게는 사회보장제도 혜택이 적용되지 않으며 베이징의 최저생활비는 매월 230위엔이고 전국 평균은 58위엔이다.

현재 1일 1달러를 벌지 못하는 중국인이 2억에 육박하지만, 2014년에는 연간 소득 1만 달러 이상 가정이 1억 5천만 호로 늘어날 것이라는 전망도 있다. 이런 면에서 수많은 아킬레스건과 거대한 가능성이 뒤엉킨 채 혼란 속의 질주를 거듭하고 있는 중국은 그들은 중화패권주의와 강대국 콤플렉스가 어우러지며 분명 미국과 어깨를 나란히 할 또 하나의 강력한 패권국가의 등장을 예고하고 있다.

6. 엄마 빼고 다 가짜

　베이징에 살며 비오는 날이면 꼭 하는 말이 있다. "이 비 가짜 아니야?" 물이 부족한 베이징은 구름이 조금 모이면 로켓으로 '비의 씨'를 뿌려 인공강우를 시도하고 있으며, 그 기술도 대단히 발달되어 있다. 어쨌든 중국에서는 자연현상조차도 가짜가 아닌지 의심할 지경이다.
　최근 중국의 한 인터넷사이트에 이런 우스갯소리가 유행한 적이 있다. 한 중국농민이 농사를 짓기 위해 씨앗과 비료와 농약을 샀다. 봄이 되어 씨앗을 뿌렸는데, 씨앗이 가짜여서 절반만 싹이 났다. 그나마 잘 자라라고 비료를 주었더니, 이번엔 비료가 가짜다. 영양상태가 좋지 않아 병충해에 걸려서 농약을 쳤는데, 이번에는 농약이 가짜여서 모두 병들어 죽고 말았다는 것이다.
　가짜 천국 중국! 가짜는 지위고하, 때와 장소를 가리지 않고 기

대표적인 짝퉁시장인 실크시장. 시우쉐이(秀水)가 새롭게 재개발되어 문을 열었다.

승을 부리는 모양이다. 1976년 중국 건국의 아버지인 마오쩌둥이 죽었을 때의 일이다. 그의 생가에 중국의 유명한 명주인 마오타이지우(茅台酒)가 소장되어 있었는데, 알고보니 그것도 가짜였다고 하니 말이다.

'엄마 빼고 다 가짜' 라는 사회적 분위기에서 허위장부와 거짓 회계로 조작되는 주가에 대한 불신, 정부의 공공자원과 공권력에 대한 불신, 상거래에서의 계약과 가격에 대한 불신 등으로 막대한 사회적 비용이 발생하고 있다. 신용을 바탕으로 거래가 이뤄지지 못하다보니 수많은 협약과 보증금이 필요한 비효율적인 사회로 전락해 가고 있는 것이다.

"탱크와 전투기 빼고 못 만드는 가짜가 없다"는 말이 있듯이 모조품의 종류는 위조지폐에서부터 술, 담배, 의류, 의약품, 전자제품, 문화상품, 각종 증명서까지 그야말로 다양하다. 선진국의 유명 명품브랜드를 모조한 이른바 '짝퉁'들이 중국의 백화점과 모든 쇼핑센터를 완전히 점령했다고 해도 과언이 아니다. 짝퉁이 패션 잡화를 모조리 접수 했다면 불법 복제에 의한 '다오반(盜版)'은 게임, 영화, 프로그램 등의 문화와 I.T산업을 완전히 정복해버렸다.

2002년 중국이 WTO에 가입한 이후 지적재산권과 브랜드가치 보호에 대한 국제적 압력이 거세지고 있는 상황이지만 아직 실질적이고 지속적인 단속은 이루어지지 않고 있다. 아니 가짜 제조업체가 형성하고 있는 경제권이 워낙 거대하다 보니 단속의 손길이 미처 미치지 못한다. 아니 미치지 않고 있다고 표현하는 것이 적당할 것 같다.

비록 짝퉁이긴 하지만 진품과 거의 구분이 되지 않는 모조품을 저렴한 가격에 만들어내는 중국의 저력은 또 은근히 두렵기도 하다. 이는 중국이 아직 자체의 브랜드와 디자인을 개발하지는 못하지만 패션과 경공업산업에 탄탄한 기술력과 제조기반을 갖추고 있음을 증명하는 것이기 때문이다.

그러나 악의가 없고 웃음을 자아내는 앙증맞은 가짜들이 있는 반면, 국민의 생명을 위협하고 심각한 사회문제를 유발하는 가짜들이 많아지고 있다는 데 중국 정부의 말 못할 고민이 있다.

최근 안훼이(安徽)성 푸양(阜陽)시에서는 단백질 함유량 '0'인 가짜 분유를 먹은 유아 13명이 머리만 커지는 대두증을 앓다가 영양실조로 사망했다. 광저우(廣州)에서는 공업용 알콜로 만든

50도 짜리 가짜 술을 마시고 8명이 사망하는 사건이 발생하여 중국사회에 커다란 충격을 던져주었다. 이 밖에도 머리카락에서 뽑아낸 아미노산으로 만든 가짜 간장, 영양제 성분의 가짜 비아그라, 가짜 신용카드, 가짜 핸드폰 사건 등이 꼬리를 물고 발생하며 유통질서를 무너뜨리고 국민 건강을 위협하고 있는 것이다.

무엇보다 중국 당국을 골치 아프게 하는 것은 위조지폐이다. 최근 3년 동안 발생한 위조지폐사건만 1만9천 여건에 달하고, 액수로는 10억 위엔이나 된다. 위조지폐범에 대하여 사형을 선고하는 등 옌따(嚴打, 강력한 처벌)를 강조하고 있지만 좀처럼 그 기세가 꺾이지 않고 있다.

20위엔 진짜(위)와 위조지폐(아래). 가짜는 색상과 디자인이 조악하지만 언뜻 보면 잘 구분이 가지 않는다.

중국 정부가 가짜에 대한 단속을 대대적으로 강화하면서 가짜를 만드는 제조업자들은 소규모화, 첨단 기술화하면서 농촌 내륙으로 숨어들어 당국과 숨바꼭질을 벌이고 있는 형국이다.

술과 담배를 파는 가게에 가면 '쟈이송스(假一送十, 가짜가 하나 있으면 열 개를 공짜로 주겠다)'라는 문구가 붙어 있는 것을 자주 보게 된다. 마음 속으로 '공짜로 주는 건 다 가짜 아니야' 하는 의심이 자연스럽게 생겨난다. 가짜가 많으니 의심이 많을 수밖에 없다.

불신이 커지다 보니 자신과 사회적 관계망이 있는 사람만을 믿고 중용하려는 경향이 생겨나 부패를 가중시킨다. 저명한 사회학자인 정예푸(鄭也夫) 교수는 그의 저서 《신임론(信任論)》에서 중국 사회의 신용 결핍이 중국사회에 범람하는 비밀조직 또는 지하조직과 관련이 있다고 분석한다. 중국인들은 법률적인 문제 해결보다는 지하조직을 동원한 문제해결을 선호하기 때문에 정보의 투명성을 담보하기 어렵고 결국 불신의 악순환이 계속된다는 지적이다.

중국의 현재 신용수준은 선진국과 비교가 불가능할 정도로 열악하며 기업의 신용정도는 극도로 낮고 개인의 신용수준은 공백 상태에 가깝다. 은행에 대한 불신은 더욱 심각하여 금융위기를 가중시키며 시장경제질서의 혼란을 초래하고 있다.

공신력이 없는 시장에 대한 투자와 소비는 한계가 있을 수밖에 없으며, 이는 중국국민경제에 거대한 손실을 초래할 것이라는 분석이다. 사회적 신뢰를 회복하는 것은 중국의 장기 발전을 위해 아주 중요한 과제가 될 것으로 보인다.

 ## 중국인, 나는 의심한다 고로 나는 존재한다

생선요리를 시키면 종업원이 살아 있는 물고기를 가지고 와 보여준다.

의심이 많은 사람에게 중국놈 빤스 입었냐? 라는 말을 가끔 쓴다. 중국인들은 과연 의심이 많은 것일까? 3년의 중국생활을 통해 확인한 바에 의하면 중국인들은 대체로 의심이 많다.

고대에 도장은 주인이 하인에게 어떤 문서를 전달하는데, 그 하인이 그것을 열어보는 것 같다는 의심에서 생겨났다고 한다. 봉하고 도장을 찍어 열람하지 못하게 하는 장치였던 셈이다. 궁궐에서의 내시 거세도 황제가 간택할 궁녀를 내시들이 황제보다 앞서 건드리는 것 같다는 의심에서 시작되었다고도 한다.

오늘날에도 신용사회기반이 취약한 중국에서는 의심으로부터 기인하는 행동양식들이 도처에서 발견된다. 위조지폐가 많기 때문에 100위엔, 50위엔권을 건네주면 꼭 불빛에 비쳐보고, 비벼 보고를 반복하고 나서야 받는다. 식당에서 생선요리를 시키면 살아 있다는 것을 가지고 와서 확인하고야 요리를 시작한다.

쑨리핑(孫立平) 칭화대학 사회학과교수는 저서 《분열》에서 중국의 의심문화가 신용위기를 부추기고 있으며 신용붕괴로 인한 엄청난 사회적 비용이 발생하고 있다고 지적하고 있다.

7. 왕푸징 야시장을 가다

한국인이 입는 것을 중시한다면 중국인들은 먹는 것에 신경을 많이 쓰는 편이다. 이는 역사적으로 워낙 요리가 발달한데다 사회주의 시절에 좋은 집과 좋은 옷은 부르주아의 상징처럼 여겨 터부시해 왔기 때문이다.

"날아다니는 것은 비행기 빼고 다 먹고, 기어다니는 것은 탱크 빼고 다 먹고, 다리가 넷인 것은 책상, 의자 빼고 다 먹고, 다리가 둘인 것은 엄마 아빠 빼고 다 먹는다."

이는 중국인의 다양한 요리방식과 거침없는 식성을 표현하는 말이다.

왕푸징 야시장의 88개 포장마차 같은 점포가 환하게 불을 밝히고 관광객을 기다리고 있다.

베이징 왕푸징 야시장의 노점상 모습이다. 지네, 불가사리, 애벌레 등 다양한 먹거리들이 진열되어 있다.

베이징 왕푸징(王府井)의 야시장에 가보면 뱀, 전갈, 지네, 물방개, 애벌레, 불가사리, 해마 등 정말 별의 별 것들이 다 있다.

양고기 꼬치를 파는 신장(新疆)에서 온 사내는 양러우(羊肉)의 '러우'를 유난스럽게 굴리는 발음으로 관광객들의 발걸음을 붙잡는다. 한국 관광객이 많은 탓에 "맛있다! 뱀, 참새, 전갈, 개구리, 먹어봐!" 하는 서툰 우리말도 사방에서 들려온다.

"굼벵이 한 개 주세요."

한국 관광객인 40대 남자가 돈을 낸다. 맛이 어떠냐고 물으니 "향신료가 뒤섞인 냄새는 참겠는데, 물컹하면서 독특한 즙이 나오는 건 못 먹겠다"며 휴지통을 찾는다.

나는 전갈을 골랐다. 의외로 고소한 게 맛이 괜찮다. 나와 동행

구성지고 재미있는 목소리로 호객을 하고 있는 상점 주인들. 서툰 한국어도 사방에서 들려온다.

했던 친구는 연달아 두 마리를 먹어치웠다. 불가사리는 겉은 딱딱하지만 속은 부드럽고 느끼하며 향이 독특하다.

왕푸징 야시장에는 '돈을 벌다'라는 의미의 '發'과 발음이 비슷한 '8'에 맞추어 88개의 포장마차 같은 점포가 있다. 기상천외한 음식들이 김을 모락모락 피우며 손님들의 호기심과 실험정신을 자극한다.

혐오스럽게 생긴 뱀, 전갈, 지네, 물방개, 매미는 꼬치 당 10위엔(1300원) 정도다. 모두 기름에 튀겨진 탓인지 고소한 게 비슷한 맛이다. 이 밖에도 각종 만두와 면류, 검은 두부와 냄새나는 두부(臭豆腐), 야자수, 딸기, 탕후루(糖葫蘆, 산사열매에 설탕물을 입혀 만든 꼬치) 등 다양한 먹거리들이 재미난 호객소리와 어우러져 중국적인 맛과 멋을 물씬 풍긴다.

황제가 거했던 자금성 옆에 위치한 왕푸징은 명·청대 고관대작의 거처가 있던 곳으로 뿌리 깊은 전통문화가 자리 잡고 있었다. 그러나 현대화 이후 전통가옥들은 거의 사라지고 고층빌딩과 맥도널드, 켄터키프라이드치킨(KFC) 등 세계 다국적 기업의 전초기지가 되고 말았다.

중국 속담에 '국가는 백성을 근본으로 하고, 백성은 먹는 것을 하늘로 여긴다(國以民爲本, 民以食爲天)'라는 말이 있다. 배불리 먹는 '원바오(溫飽, 먹고 살만한 수준)' 문제는 사회주의 중국의 지상 과업이었다.

'따궈판(大鍋飯, 큰 솥에 밥을 해 공동취식 하는 방식)' 시대가 지나고 개혁 개방 이후 경제가 발전하면서 원바오 문제가 어느 정도 해결되자 이제 '샤오캉(小康, 안락하고 풍족한 생활수준)'이 새로운 국가전략으로 등장하고 있다.

우리나라 서울의 명동처럼 베이징의 최고 번화가인 왕푸징 거리 북서쪽에 위치한 야시장이지만, 이곳에서도 중국의 골치꺼리인 빈부격차의 일면을 보게 된다. 관광객들이 먹지 못하고 쓰레기통에 버린 음식들을 뒤져서 주워 먹는 거지들의 모습이 바로 그것

전통적인 멋을 자랑하는 왕푸징의 먹거리 골목 입구의 모습.

이다. 거지들의 모습은 이곳에서 낯설지 않은 풍경이다. 상식을

먹거리 골목으로 들어와 왼쪽으로 자리잡고 있는 야외 공연장이다. 전통의상을 한 배우가 전통민요를 부르고 있다. 날씨가 추워서 밖에서 음식을 먹는 손님은 없었다.

뛰어넘는 먹거리 종류와 눈앞에 펼쳐지는 극과 극의 단면들이, 이곳이 바로 '카오스의 세계' 중국임을 실감케 한다.

 비 오는 날이면 생각나는 중국요리와 중국술

고추에서 우러나온 매콤한 맛이 베인 생선요리인 쉐이쮸위.

중국 민항간부관리대학에서 배드민턴을 치고 나오는데 비가 오는 것이었다. 자전거를 타고 집으로 가다가 빗줄기가 굵어져 할 수 없이 근처의 식당으로 몸을 피했다. 그런데 식당에서 나는 냄새가 예사롭지가 않아 종업원에게 무슨 냄새냐고 물었더니, 화댜오지우(花凋酒) 향이라고 한다. 가족을 불러내서 쉐이쮸위(水煮魚, 민물생선을 편으로 잘라 콩나물, 고추와 함께 기름물에 삶은 요리)와 처우떠우푸(臭豆腐, 썩힌 두부를 기름에 튀겨 소스에 찍어 먹는다)와 함께 따뜻하게 데운 화댜오지우 술을 마셔보았다. 정말 그 맛이 일품이었다. 루쉰의 고향인 샤오싱(紹興)에서 나는 황주의 일종인 화댜오지우는 생강과 함께 데워서 먹는데 값도 저렴하고 그 향이 독특하여 비 오는 날의 분위기와 잘 어울린다. 지금도 비 오는 날이면 그때의 화댜오지우와 쉐이쮸위 생각이 간절하다.

변화의 회오리, 카오스의 덩어리

8. 대학 입학 시험, 까오카오(高考)

  중국인들은 종이, 나침반, 화약, 인쇄술과 함께 시험(과거제도)을 중국의 5대 발명품으로 여기기도 한다. 한(漢)대에 처음 생겨나 기존의 추천 위주의 인재등용을 타파하고 대량의 중하층사회 계층이 통치계급으로 등용되는 혁신적인 신분상승의 기회를 제공했던 과거제도는 당송(唐宋)시대를 거치면서 중국고대 문화 발전의 황금시기를 만들어 내는 데 결정적인 역할을 했다. 나라를 다스리는 인재를 세습이나 연고가 아니라 능력에 따라 뽑자는 긍정적인 취지에서 비롯되었던 것이다.

  그러다가 과거시험이 고전을 얼마나 잘 외우는지 시문을 잘 짓는지 등 기존 문헌의 답습 능력을 측정하는 데 치중하게 되면서 창의적인 사고나 합리적 상상력은 배제되고 차츰 지배계급의 이데올로기를 전수하는 도구로서 전락하기 시작했다.

중국의 지식인들은 과거시험만을 대비하면서 고전 문헌을 달달 외우는 '시험선수'로 변모할 수밖에 없었다. 자유롭고 창조적인 사고능력이 부족한 인간형으로 전락하면서, 결국 종이, 나침반, 화약, 인쇄술이라는 4대 발명품을 만들어냈지만, 근세 이후에 서양에 뒤쳐지게 되어 서양 열강의 침략을 속수무책으로 묵도하게 된다.

천년 동안 지속되어 온 과거제도는 로또복권과 같이 인생역전을 노린 수많은 중국인들에게 허황된 꿈을 심어 주었고, 지식인에게 과거시험이라는 지휘봉에 맞추어 똑같은 노래만 부르게 하는, '한 줄 세우기'식의 획일화를 강요하였다.

1898년 무술정변에서 과거제 폐지가 제기된 후, 100여 년이 지났지만 시험은 여전히 중국인들의 삶을 재단하는 중요한 변수로 작용하고 있다. 특히 1978년 개혁 개방 이후 시장경제가 도입되고 사회전반에 적자생존이라는 정글의 법칙이 중국사회의 발전을 추동해 가면서 중국내 각종 시험은 점점 더 치열해지고 있는 양상이다. 2005년, 8662명의 국가공무원 모집 시험에 100만여 명이 지원하여 경쟁률이 115:1에 달했다.

경제수준이 높아지고 '1가구 1자녀' 정책이 시행된 이후 자녀교육에 대한 교육열은 그야말로 하늘 높은 줄 모르고 치솟고 있다. 자녀가 하나이기 때문에 자식이 어떤 대학을 들어가느냐 하는 것은 그 집안의 명예와 흥망과도 직결된다는 것이다.

중국에서 신분제도는 사라졌지만, 실제로 9억에 달하는 농민들은 호구(戶口, 일종의 주민등록증 같은 것으로 사회주의시절 자유로운 주거이동을 제한하는 역할을 했으며, 현재도 농촌인구의 도시 대량 이주를 막는 기능이 있다)제도에 의한 도시 진출의 기회를 통제 받고 있다.

따라서 호구문제가 해결될 뿐만 아니라 좋은 직장을 통해 장래의 신분을 보장받을 수 있는 대학의 진학은 농민 자녀들에게 있어 신분상승의 유일한 기회가 되고 있는 셈이다. 도시 학생들에게도 출신대학은 가장 중요한 관시(關系, 사회적 관계망)를 이루는 항목이면서 또 자신의 미래를 결정하는 핵심요소가 된다. 이런 맥락에서 중국의 대학 입시인 까오카오(高考)는 가히 현대판 과거시험이라고 불려질 만하다.

중국은 대학입시에서 고교 내신 성적과 학교생활기록부가 성적에 전혀 반영되지 않는다. 대신에 전 과목에 대해서 훼이카오(會高)라는 기초학력평가를 치뤄서 60점을 넘어야만 카오까오에 응시할 자격을 부여하는 방식으로 고교교육의 정상화를 담보해 내고 있다. 훼이카오는 각 성·시와 학교에 따라 다르지만 보통 1학년 때 지리, 2학년 때 생물, 물리, 역사, 화학, 3학년 때 까오카오 과목인 어문, 수학, 영어, 정치 등의 시험을 본다.

이처럼 중국은 내신성적 반영이 없고 전적으로 까오카오 성적에 의해서만 대학진학이 결정되기 때문에 그 역할과 중요성은 우리의 수능보다 훨씬 절대적이다. 사정이 이렇다보니 수단과 방법을 가리지 않고 좋은 성적을 거두려는 학생들의 부정행위도 기승

베이징 왕징의 한 까오카오 고사장 입구.

을 부리고 있어 중국의 심각한 사회문제로 등장하고 있기도 하다.

과거시험의 역사가 깊은 만큼 중국의 부정행위는 그 유서가 깊고 수법도 다양하다. 팔 소매 안에 들어갈 만한 깨알같은 글씨로 쓰여진 아주 작은 시험부정용 책자가 고궁에 전시되어 있기도 하며 유명한 루신(魯迅)의 할아버지인 개부공(介孚公)도 시험부정에 휘말려 가산을 탕진하기도 했다니 말이다.

시험과목은 우리나라와 비슷한데 중국은 이를 '3+X'라고 부른다. '3'은 어문, 수학, 영어를 말하는 것으로 각각 150점 만점이다. 'X'는 각 성(省)에 따라 조금씩 다른데, 가장 보편적으로 인문계열은 인문종합(정치, 지리, 역사)이고, 자연계열은 자연종합(물리, 화학, 생물) 시험을 보는데, 만점은 300점이다. 그래서 까오카오의 총점은 750점이 된다.

성(省)에 따라 조금씩 다르지만 보통 이틀에 걸쳐 시험을 보게 된다. 첫날은 어문과 수학을, 둘째날은 문이과종합과 영어 시험을 치르게 된다.

또 중국은 교육부에 의해 각 성(省)마다 대학의 모집 인원이 배정되고 각 대학도 지역에 따라 학생선발 인원이 정해지기 때문에 한 대학의 합격점수가 그 학생이 어느 지역 출신이냐에 따라 다르고 대학합격점수도 각 성마다 차이가 난다. 베이징, 상하이 등의 대도시는 4년제 대학 합격점이 낮은 반면 안훼이(安徽), 쓰촨(四川)성 등은 합격점이 높다.

난팡쩌우모(南方周末)의 보도 자료에 따르면 지난 2002년 대학 진학을 위한 합격점수는 베이징(北京)이 462점, 상하이(上海)가 497점, 신지앙(新疆)이 490점, 칭하이(青海)가 445점인 반면 산동(山東)은 568점, 허난(河南)은 562점이었다. 베이징과 허난의 점수 차이는 무려 100점에 달한다. 또한 2003년 전국의 대학 합격률이 52%인데, 베이징, 상하이, 하이난(海南), 신장 등의 지역은 합격률이 70%를 웃돌았다. 2004년 베이징의 4년제 대학 합격점수는 문과가 462점, 이과가 469점인데 반해 허난(河南)성은 문과가 599점, 이과 589점이었다.

사정이 이렇다보니 까오카오가 다가오면 합격점이 상대적으로 낮은 지역으로의 호구이전이 이뤄지는데 이름하여 '까오카오이민'이다.

2004년 중국의 최고 명문대학 칭화(清華)대학 이과 합격점이 베이징 출신 학생의 경우 603점인 반면 허베이(河北) 출신의 학생의 경우 630점이었다.

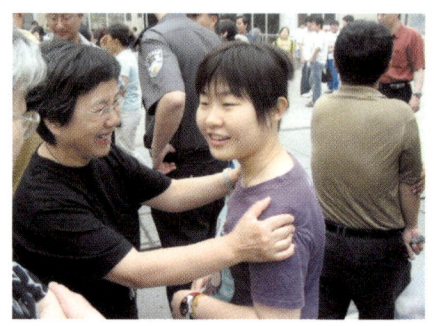

고사장에 들어가는 학생을 격려하는 선생님의 모습.

이는 중국의 대부분의 대학이 대도시에 집중되어 있고 대학들이 소재지 출신 학생들을 많이 모집하고 타지역 출신 학생들은 상대적으로 소수의 인원만을 배정하기 때문에 생기는 현상으로 호구(戶口)제도와 관련한 중국정부의 정책적인 의도가 숨어 있다. 어쨌든 더 높은 점수를 받고도 대학 진학을 못하게 되는 지방학생들의 불만의 목소리가 커질 수밖에 없다. 이를 막기 위해서 최근에는 대도시학생과 지방학생 점수를 서로 절대 비교하는 것이 불가능하도록 시험문제를 아예 성마다 다르게 출제하고 있다.

베이징오리구이를 만들기 위해 오리를 사육할 때 주둥이를 벌리고 모이를 강제로 입에 주입시키는 것에서 연유한 것이 바로 주입식교육이다. 이를 '톈야스(塡鴨式, 오리에게 먹이를 먹이는 식)'라고 한다. 지금 중국의 까오카오는 과거 과거제도 시험형식에서 얼마나 발전된 것인가? 암기 위주의 주입식 교육에 학생들의 적성과 특기보다는 점수만 중시하는 '한 줄 세우기' 식 교육이 오늘날에도 여전히 지속되고 있는 것이 현실이다.

대다수 농민과 빈곤층들이 교육의 기회와 혜택을 제대로 보장 받지 못하는 상황에서 대학 정원 배정의 지역차별과 자녀교육에 올인하는 부유층의 뜨거운 교육열과 맞물려 중국의 빈부격차는 대를 이어 세습되며 더욱 심화될 것으로 보인다.

 **까오카오문제 한번 풀어보세요!**

"송나라에 한 부자가 있었는데, 어느 날 비가 많이 와서 집의 담장이 무너졌다. 그 부자의 아들은 '빨리 고치지 않으면 도둑이 들겠습니다'라고 아버지께 말하였다. 이웃의 한 노인도 이와 똑같은 말을 그 부자에게 하였다. 그 날 밤에 정말 부자의 집에 도둑이 들어서 많은 물건이 없어졌다.

다음날 부자는 자신의 아들이 총명하여 도둑이 들 것을 예견했다고 여기면서도 똑같은 말을 한 이웃집 노인에 대해서는 도둑이 아닌가 의심을 하게 되었다."

위 글은 〈한비자〉에 나오는 우화인데, 오늘날에도 우리는 현실생활 속에서 이런 종류의 이야기를 듣게 된다. 또한 이와 다른, 심지어는 이와는 정반대의 경우도 있다. 우리가 사물을 인식하고 문제를 처리할 때 감정상으로 친근하고 소원함이 사물을 올바르고 깊이 있게 인식하는데 과연 관계가 있는가? 있다면 그것은 어떤 것인가? "감정상의 친분과 사물인식의 관계" 대하여 800자 이내로 쓰시오(2003년 까오카오문제, 어문 150점 중에서 60점짜리 작문문제).

4

중국, 너 없이도 너와 함께도 살 수 없다!

"산동반도의 닭울음소리가 인천까지 들린다"는 말로 흔히 한중양국의 지리적 인접성과 문화적 유사성을 설명한다. 우리나라의 최대 수출국이자 투자국인 중국은 지난해 200억 달러의 무역수지 흑자가 말해주듯 우리경제에 없어서는 안 될 버팀목이다. 동시에 또 고구려사와 김치 분쟁을 통해 확인되듯 언제든지 우리에게 시련을 줄 수 있는 존재이기도 하다. 끊임없이 부조리한 모순의 소용돌이를 만들어낼 중국은 우리에게 협력과 견제의 가장 높은 수준의 줄타기를 요구하고 있다.

1. 물이 흐르면 도랑이 될 것이다

1992년 8월 24일 오전 9시, 중국 조어대 국빈관에서 정식으로 한중수교가 체결되었다. 수교 당시 중국의 리펑(李鵬)총리는 "물이 흐르면 곧 도랑이 될 것이다(水流渠成)"는 말로 양국교류에 대한 기대를 표시했는데, 13년이 지난 지금 한중관계는 도랑의 수준을 넘어 대해(大海)를 이루고 있다고 해도 좋을 정도로 활발한 교류가 이뤄지고 있다.

같은 한자 문화권에 속하며 오랜 문화적 교류를 통해 유교적 가치와 아시아적 가치를 공유해 온 한중양국은 서로 우호관계를 맺고 교류 협력을 확대해 나갈 수 있는 좋은 조건을 갖추고 있

한중 양국의 국기. 중국인들은 태극기의 태극문양과 사괘가 자신들의 전통문화라고 말한다.

중국의 코리안 타운으로 불리는 베이징 왕징(望京)의 아파트 단지의 모습.

는 셈이다.

실제로 1992년 한중수교 이후 10년은 냉전으로 인한 그간의 단절과 편견의 벽을 허물고 문화적인 마찰과 소음을 조금씩 극복해 가는 시간이었다.

한중수교 당시 64억 달러에 불과했던 교역량은 2003년 670억 달러로 9배로 늘었으며, 대중국 수출은 357억 달러로 13.2배나 증가했다. 우리나라 무역에서 중국이 차지하는 비중은 2003년 15.2%로 미국을 제치고 최대 수출시장이자 최대 무역흑자국으로 부상했다. 2003년 한 해 대중국 투자액도 40억 달러를 넘어섰으며, 2005년 1월 현재까지 대중국 투자건수는 1만 1천건, 107억 3천만 달러로 전체 해외투자의 약 50%를 차지하고 있다.

한 해 중국을 다녀가는 한국인이 360만 명에 달하고 중국에서 체류하는 한국인도 30만 명을 넘어선 것으로 추산되고 있다. 공식 등록된 유학생만도 3만 6천여 명

한중 양국을 오가는 무역선.

으로 집계되지 않은 연수생과 중고생을 포함하면 5만 명이 넘을 것이라는 추정이다.

1992년 수교 이후 보따리 장사부터 시작하여 중국에 진출한 한국 기업들도 현재 1만 개가 넘고, 약 100만 명의 중국인 근로자들을 고용하고 있는 상태. 문화적으로는 더 말할 나위 없이 '한류다, 중국열풍이다' 양국 모두에서 그 열기가 뜨겁다.

중국인들도 대체로 한국에 대한 긍정적인 이미지를 갖고 있으나 최근에는 김치파동 등으로 한류 열풍 속에서도 반한 정서가 싹트는 것은 아닌가 하는 우려도 있다. 중국내 반한 정서는 중국인을 인격적으로 무시하는 언행이나 그들의 문화를 우리와 다르다는 이유로 폄하하는 데에서 기인한다. 한국인들이 밤늦게까지 술을 마시고 시끄럽게 노래하는 것에 대해 많은 중국인들은 문화적인 차이이므로 충분히 받아들일 수 있다는 태도를 보이지만, 인격적인 모욕이나 업신여김을 받는 것에 대해서는 도저히 참을 수 없다는 반응이다.

우리 스스로 자긍심과 우월 의식을 갖는 것은 좋은 일이나, 그것을 지나치게 남에게 강요하는 것 또한 상대방의 반감을 불러올

베이징 왕징의 한국성 상가 내의 한국어로 된 간판들.

수 있다. 문화상대주의적 관점에서 문화를 인정하고 존중하는 태도야말로 우호적인 한중관계를 유지 발전시켜 가는 열쇠가 아닐까.

더 어려운 문제는 한국경제가 중국의존도가 커지면서 중국이 이상공정(以商攻政, 경제를 통해 정치적 목표를 공략한다)을 할 가능성이 매우 높다는 것이다.

고구려사 왜곡 사건을 통해 드러났듯이 중국은 동북공정 등의 철저한 국가적 전략에 의해 그들의 목표를 관철시키는 반면, 우리의 연구와 대처는 대단히 열악하고 미흡했다.

중국은 자국 시장이 한국에게 중요하다는 것을 무기로 하여 협상의 주도권을 장악하려 할 것이며, 언제라도 제2, 제3의 고구려사 왜곡과 같은 사건을 카드로 꺼내들 수 있다는 것이다.

고구려사 왜곡으로 인해 한중수교 이래로 최악의 관계를 맞고 있다고는 하지만, 한중 양국의 하루 교역액만 2억3000만 달러에 달한다. 이 가운데 한국의 흑자 규모는 9400만 달러나 된다.

중국경제의 성장 축이 전통산업에서 IT산업을 포함한 첨단산업으로 이동하면서 통상마찰과 중국과의 시장경쟁도 치열해질 것으로 보인다. 범용기술, 중저가 분야에서 중국은 이미 한국을 추월했고, 일부 중화학공업과 고부가가치 분야는 2~3년 내에 한국 수준에 도달할 것이며, 대부분 주력산업에서도 5년 내에 한국과 대등한 수준에 이를 전망이다.

한중수교 이후 우리가 다방면에서 우월한 입장이었으나, 앞으로는 정치, 경제, 문화적으로 결코 우위를 장담할 수 없는 입장으로 변화되고 있다. 오히려 경제성장에 고무된 중국이 국제사회에서 자신의 목소리를 키워가면서 슬슬 패권주의의 냄새를 풍기고 있는 것을 우려해야 할 상황이다.

또한 중국이 아세안 자유무역지역 설립과 같은 경제 주도권을 장악하면서 중국중심으로 동북아 경제질서가 재편되고 있다. 중국의 변화에 대응하지 못하고 중국과 바람직한 관계를 설정하지 못할 경우, 아시아 주류로부터 고립된 주변국가로 전락할 수도 있다.

중국시장을 공략하면서도 동시에 수출시장을 다변화하는 노력이 절실하며 국내 제조업의 효율화, 고도화 및 중국과 차별화된 고부가가치의 산업을 육성하는 등의 장기적인 대책이 필요한 시점이다.

변화된 중국의 위상을 인지하고 감정적인 대응보다는 챙길 것은 챙기고 따질 것은 따지면서 보다 냉철하게 한중관계를 발전시켜 나가야겠지만, 동북공정에서 나타났듯이 중국은 이미 한반도 통일 이후를 내다보는 장기적인 외교전략을 갖고 한중관계에 접근하고 있다는 점을 잊지 말아야 할 듯 싶다.

2. 한류여, 깊은 물로 소리 없이 흐르라!

중국의 거대시장은 우리에게 기회이자 치열한 경쟁의 장이다. 이미 우리나라의 최대 교역국이 된 중국시장에 우리 경제의 사활이 달려있다고 해도 과언이 아니다. 문화산업 방면에서도 중국시장은 우리 문화산업의 최대 승부처다.

중국인들의 뇌리에 자리잡고 있는 '한류(韓流)'가 우리에게 많은 이점을 가져다주면서도 또 한편 기성세대의 반감과 중국정부의 견제를 불러오고 있다는 점도 간과해서는 안 되는 부분이다. 한류를 최대한 활용하면서도 중국의 견제와 중화주의를 효과적인 호혜호익 전략으로 극복하는 고도의 문화산업전략이 필요하다.

중국인이 우리나라 문화를 처음 접한 것은 1988년 올림픽을 통해서다. 1992년 8월 24일 한중수교 이후, 1993년 드라마 〈질

투〉가 처음 CCTV를 통해 방영되었으며, 1997년 6월 〈사랑이 뭐길래〉가 중국인들에게 선풍적인 인기(평균시청률 4.2%, 외국드라마 중 시청률 2위)를 끌면서, 그 해 〈광밍르바오(光明日報)〉의 한 기자가 쓴 기사에서 '한류'라는 말이 처음 등장하여 문화영역뿐만 아니라 경제, 사회 다방면에 널리 쓰이며 오늘에 이르고 있다.

한류에는 분명 거품이 많고 과장된 부분도 없지 않지만 '시쉐이창리우(細水長流, 작은 흐름이 끊이지 않고 지속적으로 굽이쳐 흐르다)'하며 강인한 생명력으로 중국 문화의 저변을 흐르고 있다.

1998년 클론의 '쿵다리 샤바라'를 필두로, 그 해 5월 H.O.T가 중국에서 음반을 발매하며 중국 젊은이들의 우상으로 떠올랐다. 영화 부문에서는 〈엽기적인 그녀〉가 공전의 히트를 기록하며 전

베이징 왕푸징의 한 백화점에서 〈사랑이 뭐길래〉가 방영되고 있다.

한류여, 깊은 물로 소리 없이 흐르라!

지현은 '예만(野蠻, 엽기적인)' 한 이미지로 각종 광고모델로 선풍적인 환영을 받았다.

2000년까지 중국에서 24편 이상의 드라마가 방영된 방송 부분은 2001년 대중국 방송프로그램 수출로 248만 달러 수익을 올리기도 했다. 한중드라마 공동제작도 크게 활성화되어 〈북경 내사랑〉이 한중 양국에서 방영되었다.

이밖에 〈명성황후〉가 2004년 5월부터 CCTV-8 방영되었으며, 2004년 하반기에는 〈러브 하우스〉가 CCTV-2에서 방영되었고, 2005년에는 〈대장금〉이 중국 대륙을 강타하고 있다.

〈대장금〉이나 〈명성황후〉는 할리우드의 아류로서가 아니라 전통적인 우리의 문화 원형이 중국시장에서 통할 수 있다는 가능성을 확인하게 한다.

음반시장에서도 2002년 32종의 한국 음악 카세트테이프와 CD가 114만장이나 발행되었다. 2000년대 이후 한류는 온라인 게임('미르의 전설'), 애니메이션(한중 공동제작 애니메이션 〈스페이스 힙합 덕〉, CCTV 방영), 캐릭터('마시마로'), 모바일 콘텐츠(벨소리 다운로드 서비스 1위) 등 문화산업 전반으로 확산되며 그 물줄기를 이어가고 있다.

한류는 그 자체의 문화적 파급효과에 그치지 않고 국가와 한국 기업 이미지 제고, 한국상품의 수출력을 높이는 데에도 크게 공헌했다. 한국에 대한 긍정적인 이미지를 갖게 된 데에는 한류의 영향이 크며 중국 진출 한국 기업들은 한류 스타를 십분 활용하여 많은 경제적 효과를 거두고 있다.

중국시장에서 우리 문화상품이 먹히는 것에 대해서는 많은 분석이 있어 왔다. 유교에 기반을 둔 문화적 동질성과 생활방식, 가치관이 유사하여 문화적 감성도 비슷하다는 점, 그래서 문화 할인율이 낮다는 점, 미국과 일본 문화에 대한 반감의 틈새, 제작수준이 높은 고전극에 비해 상대적으로 세련되지 못한 현대극의 틈새를 잘 활용했다는 점, 그리고 우리 문화상품의 탄탄한 구성력과 세련됨과 재미 등의 경쟁력이 중국인들의 다양한 문화소비 욕구와 맞물리면서 중국인들에게 한류가 통할 수 있었다.

이런 점들은 중국인도 대체로 동의하는 부분이다. 그러나 또 한편 기성세대를 중심으로 한류를 단순한 할리우드의 아류로 폄하하거나 대중 유행문화에 국한된 일시적이고 소모적인 현상으

〈여친소〉 아시아 동시개봉에 맞춰 곽재용 감독, 전지현, 장혁이 베이징에서 시사회를 열었다. 그때 통역을 하며 장혁과 함께 찍은 사진이다.

로 간주하여 평가 절하하는 분위기도 만만찮게 대두되고 있다.

특히 현지 한국 유학생들의 문란한 생활과 한류가 오버랩 되면서 한류는 향락적이고 사치스러운 자본주의 소비문화라는 인식도 생겨났다. 여기에 중국정부도 한류가 경제적으로나 문화적으로 득보다 실이 많다는 분석을 하고 다방면에서 견제와 제약을 걸어오고 있다는 점도 한류의 흐름을 더욱 갑갑하게 하는 상황이다.

또 새로운 콘텐츠 개발에 소홀한 채 안일하게 중국시장에 진출하는 문화상품들도 문제다. 〈내 여자친구를 소개합니다〉가 현지에서 "담비꼬리에 억지로 개꼬리를 이은(狗尾續貂) 한류의 한계"라는 혹평을 받으며 초라하게 막을 내렸던 것을 타산지석 삼을 필요가 있다.

차별화된 전략 없이 단순히 '중국의 문화상품보다는 나으니까' 하는 식의 안일한 중국시장 진출은 백전백패다. 중국은 세계 문화상품의 각축장이고 세계 최고 수준이 아니면 중국에서 결코 통할 수 없다는 것을 명심해야 한다.

중국 경제의 급성장으로 소득 수준이 향상되고 소비구조가 변하면서 중국의 문화적 욕구도 크게 늘어나 문화시장의 규모는 2008년 베이징올림픽과 2010년 상하이 엑스포 개최까지 비약적으로 성장할 갈 것으로 예상된다.

2003년 중국인의 문화소비비용은 725억 달러로 전년대비 10% 성장했고, 2007년에는 1000억 달러 이상이 되어 문화 산업의 시장 규모 면에서도 미국에 이어 세계 2위가 될 것으로 전망되고 있다. 우리의 앞마당에 놓인 이 황금어장을 놓쳐서는 안 된다는 과제가 우리에게 던져져 있는 셈이다.

한류가 중국 문화의 바다에 드높은 파고를 일으키며 파도치는 것도 좋지만 가시적 이벤트나 실속 없는 거품보다는 철저하게 실속을 챙기면서 소리 없이 중국인들의 뇌리에 우리 문화의 인이 박히도록 하는 전략이 무엇보다 필요하다고 본다.

중화민족주의의 견제와 제약이 거대한 바위라면 한류는 그 본연의 물의 속성을 이용하여 그 바위를 껴안으며 돌아서 흘러가는 지혜와 슬기를 발휘해야 한다.

해적판인 다오반이 난무하고 법률적 보호장치도 미흡하여 투

극장에서 개봉되는 한국영화는 적지만 불법 복제되는 다오반으로 많은 중국인들이 한국영화를 즐겨보고 있다. 이런 점도 향후 시장개척에 있어 발전적으로 활용해야 할 점이다.

자환경이 좋은 것만은 아니지만 장기적이면서 차별화된 전략을 가지고 중국문화시장 개척에 매진해야 한다.

베이징이나 상하이만 고집하지 말고 중국의 서부 대개발 등을 적극 활용한 차별화 된 거점 도시 공략도 필요하다. 또한 기획단계에서부터 중국인의 기호에 맞는 상품 개발도 고려되어야 한다.

우리와 같은 언어를 사용하는 200만 조선족을 어우르는 문화콘텐츠 개발과 현재 문화방면에서 우호적 협력 관계를 활용한 공동투자와 공동제작 등도 중국시장공략에 도움이 될 것이다. 월트 디즈니가 '화무란(花木蘭)'이라는 중국의 문화원형을 〈뮬란〉으로 제작하여      중국에서 인기를 끌
미국의 문 고 있는 우리의 캐릭
화콘텐츠 터들(KOCCA 중국
사무소 자료제공).

화한 것도 우리에게 시사하는 바가 크다.

중국에서 방영된 한중합작 애니메이션 〈스페이스 힙합 덕〉과 중국과 인기를 얻고 있는 〈마시마로〉, 〈뿌까(중국소녀)〉, 〈감자도리〉, 〈둘리〉 등 우리 캐릭터의 적극적인 상품화도 중국 내 한국 애니메이션 산업의 근거지를 확보하는 데 중요한 의의를 가질 것으로 보인다.

21세기를 선도할 산업으로 흔히 문화산업을 꼽는다. 피터 드러크(Peter Druck)은 "21세기는 문화산업에서 각 국의 승패가 결정될 것이고 최후 승부처가 바로 문화산업이 될 것이다"는 말로 차세대 성장동력인 문화산업이 국가발전의 성패를 좌우할 것이라고 강조한 바 있다.

그러나 소리 없는 문화산업 전쟁에서 한중양국의 전적은 아직 보잘 것 없는 수준이다. 세계문화콘텐츠 시장점유율면에서 보면 미국이 40.2%, 일본이 10.1%를 차지하는 반면, 중국은 1.9%, 한국은 1.5%를 차지하는데 그치고 있다.

일본이 세계시장에서 2002년 기준 애니메이션 62%, 게임 31%, 음반 15.4%를 차지하고 있는 반면, 우리나라는 캐릭터 3.1%, 방송(드라마) 2.3%, 영화 1.8%, 게임 1.7%, 음악 0.7%, 애니메이션 0.4%를 점유하는 데 그치고 있다.

〈엽기적인 그녀〉의 대성공 이후 전지현은 광고모델로 중국시장에서 맹활약하고 있다.

문화는 물처럼 흐르는 것이기 때문에, 수준 높은 문화콘텐츠를 개발하면 자연스럽게 중국시장을 공략할 수 있을 것이다. 그러면서 우리의 민족적인 전통과 중국의 풍부한 문화적 원형을 균형감 있게 조화시키는 전략으로 중국시장을 자연스럽게 녹여가야 할 것이다.

 진정한 한류는?

    중국을 찾았던 작가 은희경은 〈난방저우모(南方週末)〉와의 인터뷰에서 "한류는 허구적인 실체이고 오히려 진실된 한국의 모습을 가로막고 있으며 단지 하나의 거품일 뿐이다"라고 혹평했다. 한류가 십대 스타와 대중 유행문화만을 중심으로 흘러가고 있다는 것이다.

    백원담 성공회대교수도 베이징강연에서 90년대 격변기를 겪은 중국사회가 미국적 상업주의를 경계하기 위한 대안적 기제로 한국의 대중문화를 수용한 것이라고 한류를 비판적으로 평가했다.

    그럼 진정한 한류는 무엇일까? 흔히들 '진정한 한류'를 언급하면서 한중 양국의 지식인들은 김민기의 〈지하철 1호선〉를 뽑는다. 2001년 10월 상하이와 베이징에서 공연된 〈지하철 1호선〉은 독일 원작을 한국적 상황에 걸맞게 개작하여 원작을 뛰어넘는 예술적 재창조를 이뤄냈다는 평을 들었다. 우리나라의 파행적 근대화 과정에 주체적으로 대응했던 한국의 역사적 동력을 중국인들에게 잘 보여주었다는 것이다. 김민기 본인이 직접 열악한 무대시설을 스스로 고치고 중국의 스태프들을 교육시키며 중국의 공연 문화를 5~10년은 업그레이드시켰다는 평가와 함께 〈지하철 1호선〉은 한국의 역사와 한국인의 진솔한 삶의 모습을 가장 잘 보여준 진정한 한류의 전형이라는 평가를 받고 있다.

3. 신(辛)라면, 중국 시장을 뚫다

요리 천국 중국에는 간식으로 먹는 작은 먹거리들(小吃)의 종류가 헤아릴 수 없을 정도로 많다. 그런 까닭 때문인지 중국에서 라면시장은 비교적 늦게 형성된 편이다. 1990년부터 본격적인 라면류의 시장이 생기기 시작했다.

그러나 10년이 지난 지금 중국의 연간 라면 소비량은 160억 위엔에 달하며, 1인당 라면 소비 개수도 14개로 한국의 82개에는 크게 미치지 못하나, 매년 27%씩 급속도로 증가하고 있는 추세이다. 중국의 경제성장과 현대화에 따른 라면 시장의 성장 잠재력은 거대하다.

중국에서 라면은 보통 면을 반죽하여 그것을 정말 손으로 당겨서 뽑는, 말 그대로 라면(拉麵, 끌어서 당긴 면)을 말하고, 우리가 통상적으로 말하는 라면은 '편리면(方便麵)'이라고 지칭한다. 요리라고 하기엔 부족하고 그냥 급할 때 편리하게 먹는 음식으로 라면을 여기고 있음을 이름에서 느낄 수 있다.

중국에서 라면에 관한 기록은 한(漢)대에 처음으로 출현하니, 그 역사가 2000년에 가깝다. 그러다가 명(明)의 한 유학자가 일본으로 건너가 라면을 일본에 소개했다. 일본에서도 라면이 발달하다가 19세기 말 라면이 크게 유행했다고 한다. 현대적 의미의 라면을 개발하고 상품화하여 세계에 널리 보급한 것은 바로 일본이다.

그런데 중국인의 소비수준에 눈높이를 맞추면서 까다로운 중국인의 입맛을 만족시킨 것은 타이완의 캉스푸(康師傅)와 통이(統一) 두 회사였다. 이 두 회사의 중국 라면시장 점유율은 70% 이상이며, 그 나머지를 놓고 치열한 한일전이 벌어지고 있다.

지금까지의 추세는 일본보다 뒤늦게 중국에 진출한 한국 농심이 일본의 니신(日淸)을 추월하여 기존의 중국 라면시장을 독식해 온 타이완을 위협하는 양상을 띠고 있다.

중국의 대형할인마트에 가면 신(辛)라면이 가장 눈에 잘 띄는 곳에 놓여 있는 것을 볼 수 있다. 그만큼 많은 손님들이 찾는다는 증거이다.

20대의 한 직장여성은 바쁜 생활 때문에 라면을 먹을 일이 많은데, 신라면이 가장 면발이 맛있고 자신의 입맛에 맞는다고 했다. 베이징 실험고등학교의 한 학생은 H.O.T가 농심광고를 한 후로 자신은 신라면만 먹는다고 말한다. 심지어 많은 일본유학생

베이징 화탕백화점에서 신라면이 가장 눈에 잘 띄는 자리에 진열되어 있다.

들도 중국에서 먹을 만한 라면은 신라면 밖에 없다고 주저 없이 말할 정도다. 그들은 일본에서 먹는 일본 라면은 아주 맛있지만, 중국에서 만들어진 저가의 일본 라면은 본래의 맛과는 너무 차이가 난다고 한다.

　2.8위엔으로 가격은 비싸고 맛은 맵고 끓이는 불편까지 감수해야 하는 신라면이 중국인들에게 이렇게 환영을 받게 된 데에는 철저한 시장분석을 바탕으로 한 체계적이고 차별화된 중국시장 전략이 있었던 것으로 보인다.

　우선 중국인들은 실제로 매운 맛을 그다지 좋아하지 않는다. 물론 최근 한류의 영향으로 김치가 널리 알려지면서 김치라면 등을 좋아하는 중국인들이 늘어나고는 있지만 보통은 매운 맛을 두려워한다. 매운 맛의 고장 쓰촨(四川)성 출신의 덩샤오핑은 주변의 사람들이 매운 것을 못 먹는 것을 보고 마오쩌둥의 말을 흉내 내어 "매운 것을 먹지 못하면 사내 대장부가 아니다(이 말은 신라면의 광고문구로 사용되기도 했다)"고 했을 정도다.

신라면은 타 라면회사들이 중국인의 입맛에 맞는 라면 개발에만 몰두하고 있을 때, 오히려 공격적으로 한국의 매운 맛을 가지고 중국인들에게 다가갔다. 그 새롭고 특이한 맛이 중국인들의 입맛을 사로잡으며 시장 공략에 성공한 것으로 보인다.

또 하나는 가격과 조리법의 차별화이다. 중국인의 소득수준이 낮기 때문에 중국에서 생산되는 라면은 거의 2위엔 미만의 저가이다. 타이완 제품인 캉스푸와 퉁이는 1위엔에서 1.6위엔이며, 일본 니신도 2위엔 정도이다. 여기에 2.8위엔의 신라면이 도전장을 낸 것이다. 확실한 맛과 가격의 차별화로 중국의 발전 가능성과 13억 중국 인구 중 6%인 7800만 명에 이르는 고소득층을 겨냥한 것이라고 볼 수 있다.

차를 즐겨 마시는 중국인들은 늘 뜨거운 물이 준비되어 있다. 그래서 라면도 물만 부어 먹을 수 있는 컵라면 위주로 개발되고 있었다. 농심은 끓여 먹는 라면을 내놓음으로써 끓여 먹는 것이 더 좋은 맛을 내는 '고급문화'라는 인식의 전환을 가져오게 만들었다. 이 같은 차별화 전략과 한국적인 맛이 중국에도 통하리라는 자신감이 중국에서 신라면의 성공을 가져 온 비결이라고 분석된다.

중국은 못사니까 싼 것만을 고집하고 중국인의 문화니까 그것에 순응한 마켓팅 전략을 펴고 중국인의 입맛에 맞는 제품만으로 승부하는 시대는 이미 지났다. 비싼 가격, 끓여 먹는 불편함, 그다지 즐겨하지 않는 매운 맛 등 중국 라면시장의 금기를 깨고 차별화된 판매 전략으로 성공한 신라면은 중국 시장을 공략하는 우리 기업들에게 시사하는 바가 매우 크다.

4. "한국, 한 건 하기식 고구려사 연구 극복해야"

    2004년 6월 28일 중국 쑤저우에서 개최된 제28차 유네스코 세계문화유산위원회(WHC) 회의에서 지린성(吉林)과 랴오닝성(遼寧) 일대의 고구려 유적지가 '고구려의 수도와 왕릉, 그리고 귀족의 무덤들'이라는 이름으로 7월 1일 세계문화유산으로 정식 등재되었다.

    물론 북한이 신청한 '고구려 고분군'이 함께 등재된 것을 위안으로 삼을 수도 있지만, 중국 측 유산의 등재 범위와 규모가 큰 반면 북한 측 유물은 고분 벽화에만 한정되어 있어 중국 유물에 포함되는 듯한 인상을 주고 있다. 때문에 북한에 있는 고구려 유산에 대한 추가적인 세계문화유산 등재가 필요하다는 지적이 나오고 있다.

    고구려 유적의 세계문화유산 등재와 관련한 일련의 과정을 지

제28차 유네스코 세계문화유산위원회(WHC) 회의가 개최된 동방의 베니스라 불리는 쑤저우에서.

켜본 중앙민족대학 민족학과 황여우푸(黃有福) 교수는 중국 영토 내에 있는 고구려 유적지에 대한 중국의 세계문화유산 신청과 등재는 자연스러운 과정으로 수용해야 한다. 하지만 이후 중국정부가 '고구려는 중국의 지방정권', '고구려인은 중국의 소수민족' 등으로 해석하고 보도하는 것은 문제가 있다고 지적했다.

이와 관련 황 교수는 "후진타오 체제 출범 이후 중국 외교정책의 기조는 이웃과 우호적으로 지내며 상호 이익을 도모한다는 방식인데, 그것이 어느 정도 흔들린 것으로 보여진다"며, "중국이 경제발전 과정에서 민족주의가 강하게 대두되는 면이 있다"고 진단했다.

한국내 고구려사 연구태도와 관련하여 황 교수는 "한국에서는 진지한 학술연구보다는 '아! 고구려전' 같은 이벤트성 행사가 많다"고 지적하고는, "논리적인 반박보다는 감정적 대응이 많고, 탄탄한 기초에서부터 시작되는 학문연구보다는 터뜨리기

중국 내 한국사 연구의 권위자인 황여우푸 중앙민족대 교수.

식 연구가 많은 것이 문제"라고 강조했다. 우리를 부끄럽게 만드는 예리하고 정확한 지적이라는 느낌이 든다.

다음은 황 교수와의 인터뷰 내용을 요약한 글이다.

중국에는 현재 100여 개의 세계문화유산 예비후보 명단이 있다. 그 동안 별로 거론이 되지 않았던 고구려 유적지가 이번 회의에서 세계문화유산 후보로 추천된 이유가 있는가?

"그동안 중국에서 고구려사 연구는 그다지 중시되지 않았고, 청나라 이전은 물론 1949년 건국 이후 마오쩌둥 시대까지도 고구려사는 '조선사(한국사)'라고 인정돼 왔다. 마오쩌둥은 건국 초기 봉건사회, 자산 계급 사회의 잔재를 없애기 위해 소수민족을 억압하는 역사 해석이나 용어에 대하여 대대적인 수정을 가하도록 했다.

그런데 1960년대 랴오닝성 등지의 농지건설 작업과정에서 고구려 유물들이 계속해서 대거 발굴됐다. 그 처리를 놓고 고심하

다가 비록 조선사(한국사)에 해당되지만, 중국 영토 내에 있는 사료이기 때문에 지방사 연구 차원에서 보존하고 연구해야 한다는 결론을 내리게 됐다. 이때부터 모순되지만 중국 내 고구려 유적은 중국의 것으로, 국내성으로 천도한 이후의 고구려 유적은 조선사로 포함되어야 한다는 이분법적 해석이 생겨났다.

그러다가 한중수교 이후 백두산, 압록강, 두만강 등 접경 지역에 한국 관광객이 많아졌고, 현지 가이드들이 만주를 한국의 영토로 설명하는 것에 대해 중국 역사학자들이 경계심을 갖기 시작했다.

그리고 고구려사를 한반도 통일 이후 있을지도 모를 국경 분쟁에 대비하는 차원에서 본격적으로 연구하게 되었다. 또 북한이 이미 고구려유산을 세계문화유산에 신청한 상태였으므로 예비후보 중에서 우선적으로 신청하는 것은 당연하다고 본다."

중국이 서부개발을 추진하면서 서부쪽의 문화유산이 대거 등재되었다. 그리고 이번 대회에서는 주로 선양, 지안 등 동북공정과 관련한 지역을 후보로 집중 추천했다. 둘 사이에 어떤 관련성이 있는가?

"지역 개발 프로젝트를 추진하다 보면 자연스럽게 인문학적 연구도 수반된다. 이번 고구려유산 같은 경우는 변강사지연구센터가 주도한 것으로 알고 있다. 앞으로도 국경분쟁이 예상되는 지역에 대한 연구가 계속될 것으로 보인다."

이번 고구려유산 등재는 대내적으로는 조선족의 정체성을 확고히 해 조선족의 독립이나 분열 의지를 단호히 차단하고 대외적으로는

장수왕릉인 장군총. 1997년 이곳을 찾았을 때는 그 위까지 올라갈 수 있었으나 지금은 엄격한 관리와 보호가 이뤄지고 있다.

한반도 통일 이후 있을 수 있는 국경 분쟁을 미연에 차단하기 위한 목적을 지녔다고 보여진다. 조선족 사회는 이번 고구려 유산 등재를 어떻게 받아들이고 있는가?

"중국정부가 연변 지역의 한국화를 경계하여 조선족에 대하여 '조국은 중국이다' 라는 국가관 교육을 강화하고 있다. 이번에 고구려유산 등재를 추진한 학자들을 잘 아는데, 이번 고구려유산 등재에서 조선족에 대한 정체성을 고려하지는 않은 것으로 보인다. 조선족들은 일부 연구자를 제외하고는 한국 역사에 대해 거의 관련 지식이 없는 상태이다."

북한의 고구려고분벽화도 세계문화유산에 등재되었는데, 한국 측의 지원이 큰 힘이 되기도 했지만, 중국의 적극적인 반대가 없었기에 가능한 일이었다. 중국이 중국 영토 내의 고구려유산에 대해서 중국사의 일부라고 주장하면서 또 북한 내의 고구려유산을 인정하는 것은 모순된 것이 아닌가?

"나는 북한의 고구려유산 문제에 대한 자문이 들어왔을 때, 동시 신청, 동시 등재를 해야 한다고 주장한 바 있다. 세계문화유산은 인류의 보편적인 문화유산에 대한 보호를 중시하기 때문에 어

"한국, 한 건 하기식 고구려사 연구 극복해야"

떤 정치성이나 이해 집단의 요구는 배제되어야 한다. 또 역사는 바라보는 지점에 따라서 다르게 해석될 수 있다고 본다."

중국의 관영 언론이 고구려를 중국의 지방 정권으로, 고구려인을 중국의 소수민족으로 해석하고 있는 것에 대해서 어떻게 보는가?

"후진타오 체제 출범 이후 중국의 외교 정책의 기조는 '무린후훼이(睦隣互惠, 이웃과 우호적으로 지내며 상호 이익을 도모한다)'인데, 그것이 어느 정도 흔들린 것으로 보여진다. 중국이 경제발전 과정에서 민족주의가 강하게 대두되는 면이 있다.

그리고 등재 사실 자체보다는 잘못된 재해석이 더 큰 문제다. 중국 사서인 〈동이열전〉에 보면 고구려, 백제, 신라는 언어가 서로 통했으며, 고구려 왕족에서 갈라져 백제가 건립됐다고 나온다. 그러나 중국은 고구려가 멸망하고 중국인에 동화되었으며, 한민족은 신라인의 후손이라는 주장을 하고 있다. 고구려 문화를 누가 계승했는지, 고구려 유민들이 어디로 어떻게 흘러갔는지 등에 대한 학술적 연구가 필요하다. 국경선을 벗어난 문제에 대하여 지나치게 흥분된 대응보다는 지속적인 역사 연구가 절실한 상황이다."

한국에서는 1차 자료가 없어서 그러한 연구에 어려움이 많은 것으로 알고 있다.

중국, 너 없이도 너와 함께도 살 수 없다!

"한국에서는 진지한 학술 연구보다는 '아! 고구려전' 같은 이벤트성 행사가 많다. 또 어떤 문제에 대한 논리적인 반박보다는 감정적 대응이 많고 탄탄한 기초에서부터 시작되는 학문연구보다는 터뜨리기식 연구가 많은 것이 문제다.

일례로 중국에서 한국을 소개하는 잡지가 편찬된 것을 본 적이 있는데, 거기에는 한국인의 기원을 퉁구스족이라고 기록하고 있었다. 이는 일본학자의 주장을 그대로 도용한 것으로 옳지 않다.

그 후 다시 몽고족의 한 갈래라고 고쳐 기록한 것을 보았는데, 이것도 옳지 않다. '몽고(몽우)'라는 용어가 중국 사서에 처음 출현하는 것은 10세기 전후이다. 고조선에 대한 첫 기록은 《관자(管子)》에 나오는데, 그 때가 기원전 700년이다. 사서 기록만 보더라도 1700년의 차이가 나는데, 한국인이 몽고족의 후손이란 말인가? 뿌리에서부터 탄탄한 기초 연구가 필요하다."

흔히 '현재를 지배하는 자가 과거를 지배한다'고 했다. 중국의 역사 해석에서는 기자조선이 고조선을 대신하고 있으며, 부여사와 발해사는 이미 중국사에 포함된 지 오래다. 이제 고구려사도 중국사에 포함될 국제적 인가 절차를 모두 끝마친 상태이다.

그렇다면 다음은 무엇일까? 초강대국으로 성장한 중국이 "한국인은 중국의 소수민족이고, 한국은 중국의 속국이었다"고 주장한다면 한국은 어떻게 대응할 것인가?

또 북한에 대해 우리나라보다 더 많은 경제적 지원을 해 왔던 중국이 북한이 붕괴될 경우 국제적 승인을 받은 고구려유적을 예로 들어 소유권을 주장한다면, 우리는 어떻게 대처할 것인가?

황 교수의 지적대로 이번 중국의 고구려유산에 대한 세계문화유산 등재가 우리의 소홀한 학술 연구 풍토와 문화 유산 관리에 대한 반성과 새로운 전환의 계기가 되었으면 한다.

최근 출범한 고구려연구재단은 향후 폭 넓은 학술연구를 토대로 고구려사의 중국사 편입을 더욱 노골화할 중국 측에 대해 냉정하면서도 논리적인 대응을 준비해야 한다. 아울러 남북한이 하나되어 보다 건실한 역사 연구에 공조하고 공동 참여하는 것도 남북간 우호 증진이나 역사 연구의 성과 면에서 많은 도움이 될 것으로 보인다.

 made in china가 희화되는 분위기

입만 벌리면 개통과 같은 더러운 냄새가 나고 이빨을 닦지 않고 허풍떨고 떠들어대는 것만 좋아하고 게으르고 무의미한 고전이나 시가만 잘 읽는 중국인들이라며 20세기 초 급진적 친미개혁파였던 윤치호는 적고 있다. (박노자, 허동현의 〈열강의 소용돌이에서 살아남기〉에서 발췌)

100여 년이 지난 지금 한국인들이 중국에 대해 갖는 생각은 이와 같은 시각과 얼마나 달라져 있을까?

중국농산물과 made in china가 코미디프로에서 희화되는 분위기에서 저질상품의 대명사처럼 인식되어지고, 중국인노동자와 조선족에 대한 무시와 냉대는 이미 도를 넘은 수준에 와 있다. 서구문화를 우리가 추구해야 할 문화적 모델로 삼는 반면 중국의 선진고급문화에 대해서는 철저한 무관심으로 일관하고 있는 것은 아닐까? 중국의 중화패권주의를 경계하면서도 서구문화에 물들어 있는 우리가 갖는 문화적 배타성 또한 다시 한번 생각해 보아야 할 때이다.

5. '해당화'에 가면 북한이 보인다

　베이징을 여행하는 한국관광객들이 꼭 빠지지 않고 들르는 곳 중 하나가 바로 북한 음식점 '해당화'다. 한국에서는 접할 수 없는 북한 사람들을 만날 수 있다는 매력뿐만 아니라 기름지고 느끼한 중국음식에 입맛을 잃은 한국 관광객들에게는 해당화의 깔끔하고 담백한 음식 맛이 더더욱 안성맞춤이기도 하다.

　해당화는 주중 북한대사관이 직접 경영하는 정부산하 고려호텔의 식당이다. 1997년 문을 열어 남북관계의 다양한 변화나 한중, 북중간의 민감한 정치현안과 상관없이 올해로 9년째 영업을 해오고 있다.

　원래는 용안리(永安里) 북한대사관 맞은편에 자리잡고 있다가, 2002년 9월 26일 지금의 차오양취(朝陽區) 신위엔시리(新源西里)로 확장 이전하였다.

북한 식당 '해당화'. 음식값은 좀 비싸지만 북한 복무원들의 서비스와 음식 맛은 일품이다.

　해당화는 지하 1층, 지상 2층에 대략 300석의 객실을 완비하고, 평양냉면 이외에 약 150여 종류의 음식을 준비해 놓고 있다. 북한은 현재 베이징에 해당화 이외에도 평양관, 류경식당, 월향, 옥류관 등의 음식점을 경영하고 있다. 한편으로 적지 않은 경제적인 이득을 챙기면서, 다른 한편으로는 북한의 색다른 음식문화를 중국과 다른 외국인들에게 소개하는 역할을 하고 있다. 이 같은 음식점 개장은 폐쇄적인 북한이 조금씩 개방을 향해 변화하고 있다는 것을 읽을 수 있기도 하다.

　해당화에서 근무하는 20여 명의 복무원(종업원)들은 모두 평양의 고려호텔 소속 직원으로 베이징에서 2~3년 정도 근무하다가 다시 북한으로 돌아간다고 한다. 북한 복무원들은 한복 저고리를 차려입은 다소곳한 용모로 늘 상냥하며 탈북자 문제와 같은 다소

화려하고 고운 한복을 차려입은 북한 복무원들.

곤혹스런 질문도 재치 있게 잘 받아넘긴다. 대개가 대학의 호텔경영이나 서비스 전문 학과를 졸업하여 중국어와 영어에 능통할 뿐만 아니라 수준 높은 언변과 교양에 뛰어난 가무 능력까지 갖추고 있다.

그러면서도 언제 북한으로 돌아가냐는 질문에 "언제든 조국이 부르면 가야디요"라고 옹골지게 대답하는 것에서는 우리와 또 다른 세계의 이념을 느끼게도 한다.

해당화는 정갈하고 감칠맛 나는 음식 맛으로 유명해 한국관광객들뿐만 아니라 중국인, 서양 사람들도 즐겨 찾는다. 그래도 손님의 절반 정도는 한국인이다. 한국인이 주로 찾는 음식은 냉면과 가자미식해, 온반, 순대 등이며 중국 백두산에서만 난다는 들쭉 열매로 담은 들쭉술도 물량이 모자라 못 팔 정도라고 한다.

북한 요리 '가자미식해'와 일오일식료공장에서 백두산 들쭉열매로 만들었다는 들쭉술.

    한 병에 100위엔(1만3000원) 하는 들쭉술은 포도주 빛의 은은한 맛이 향긋하다. 공장 이름이 '일오일'이어서 무슨 의미가 있냐고 묻자, "자세히는 알 수 없지만 저희 조국에서는 수령님이 공장에 다녀간 날을 공장의 이름으로 하는 경우가 많은데, 이것도 그런 것 같습네다" 하고 대답한다.

    해당화 영업시간은 점심시간 오전 11시 30분에서 2시 30분과 저녁시간 5시 30분에서 9시 30분까지로 정해져 있다. 낮 쉬는 시간은 에너지 절약 차원에서 전등을 끄고 손님을 받지 않는다.

    북한 식당 해당화는 중국 식당에 비해 음식값은 다소 비싸긴 하지만 깔끔한 음식을 맛보며 북한 복무원을 만나는 색다른 체험을 할 수 있다는 점에서 한번쯤 들러 볼만한 곳이다.

    이곳을 찾는 모든 한국인들이 그렇듯이 어서 빨리 통일이 되어 한국 관광객과 기념 촬영을 하고 있는 북한 복무원들.

북한 음식과 북한 사람을 제3국에서의 관광 상품이 아니라 우리의 다정한 이웃으로 보다 친근하게 만날 수 있는 날이 빨리 왔으면 하는 바람 간절하다.

 북한의 친구는 한국일까 중국일까?

칭화대학에서 중국어 교양수업을 들을 때 북한유학생 4명과 함께 수업을 들었다. 거의 대부분이 출신성분이 좋고 김일성대학을 졸업하고 온 석사생들이었다. 그 중 한 북한유학생은 노래를 아주 잘 해서 유학생 모임이 있으면 자주 중국노래를 부르곤 했는데, 애창곡이 저우화지엔(周華健)이 부르고 안재욱이 번안해서 국내에서 유행하기도 한 '친구(朋友)'였다.

과연 그 친구는 누구를 가르키는 것일까?

북한과 중국은 중화인민공화국이 성립되고 6일째인 1949년 10월 6일에 국교를 수립했고, 그 이후로 56년 간 혈맹적 우호관계를 쌓아왔다. 오늘날에는 혈맹관계가 실리적 외교관계로 전환되었지만 북한경제의 중국의존도는 갈수록 심화되고 있다.

2000년 3천7백만 달러이던 북한의 대중국 교역규모는 2003년 10억2천만 달러로 가파르게 상승했다. 여기에 매년 50만 톤 규모의 원유와 30만 톤 내외의 식량지원까지 합치면 북한이 중국의 '동북 4성'으로 전락하는 것은 아닌가 하는 우려를 자아내기에 충분하다.

북한을 아직도 이적단체로 규정하고 있으며 대북 지원에 대한 사회적 합의도 이뤄지지 않은 상태에서 우리가 바로 북한의 진정한 친구라고 말할 수 있을까? 북한이 붕괴된다고 가정했을 때, 중국이 만약 그 소유권을 주장한다면 우리가 반박할 근거와 논리는 무엇일 수 있을까?

"친구야 일생을 함께 걷자" 흐르는 '친구'의 노래가사를 들으며 이런 생각들이 복잡하게 머리를 스쳤다.

6. '유학 보내면 중국어는 배우겠지?'

　중국 내의 한국유학생은 2002년 말 3만 6천명에 달했으며, 매년 60%씩 늘어나는 추세이다. 그러나 중국 내 전체유학생의 절반을 차지하는 엄청난 양적 증가에 비해 한국 유학생들의 질적 수준도 향상되고 있는가에 대한 물음에는 왠지 회의적인 생각이 든다.

　엄청난 학비를 지급하고도 상습적인 결강과 치열하지 못한 학습자세에서부터 음주, 흡연, 동거 등의 건전하지 못한 생활태도까지 망신스러운 일이 한두 가지가 아니다.

　경제적 사리에 밝은 중국인들은 호박이 넝쿨째 굴러 들어오고 있다는 판단에 유학생들의 추행에도 비교적 너그러운 편이지만, 그것도 얼마나 더 버텨줄 지 걱정스러운 상황이다.

　오전 수업이 끝나는 점심시간 무렵에 베이징위엔(北京語言)대

한국인지 중국인지 분간이 안 될 정도로 한국 유학생이 많은 베이징위엔대학.

학에 서 있으면 사방에서 들려오는 한국어로 여기가 한국인지 중국인지 분간이 안 될 정도이다. 염색한 머리에 짙은 화장 그리고 한겨울에도 치마 입기로 대표되는 한국 학생들이 줄줄이 몰려나오는 것을 볼 수 있다. 대학에 새로 지어진 건물들이 모두 한국학생들의 학비로 충당되었다는 말이 전혀 근거 없는 말이 아님을 실감하게 된다.

위엔대학에서 공부하는 본과 3학년인 한 한국 여학생은 20명으로 편성된 외국인 반인데, 베트남 유학생 1명을 제외하고 19명이 한국 학생이라고 소개한다. 중국에 와서 공부하는 효과가 떨어질 수밖에 없고 또 자연스럽게 그들과 어울리다 보면 중국어를 사용할 기회는 더 적어진다고 토로한다. 전공필수인 중국어 수업은 지각을 하더라도 출석을 하는데, 많은 학생들이 함께 수강하는 선택과목에서는 대부분의 한국 학생들이 결강을 하여 한국인 수강생의 50%가 불합격을 받은 사례도 있었다고 한다. 결강과 시험 불참, 혹은 성적 미달로 유급 또는 퇴학 처분을 당하는 대다수의 학생들이 한국인인 것으로 나타나고 있다.

위엔대학에서 만난 한 남학생은 사방에 유흥가가 있고 주변에는 다 노는 친구들이고 아무도 간섭하는 사람이 없는 베이징이 어쩌면 학습 환경 면에서 한국보다 못한 것 같다고 자조 섞인 한탄을 내뱉기도 했다.

위엔대학의 뤼지닝(呂吉寧) 교수는 세계 각 국의 유학생들 중에서 가장 열심히 공부하는 학생이 한국 학생이지만, 또 수업 시간에 늘 지각하고 가장 불성실한 학습 태도를 가진 학생도 한국 학생이라고 지적한다.

한국 유학생들이 많이 사는 화칭쟈웬의 한 부동산업자의 소개에 따르면 10명의 한국 유학생이 방을 구하러 오면 2~3팀은 남녀가 함께 와서 방을 구하고 무슨 문제가 생겨서 집을 방문하다 보면 절반 가량은 남녀가 동거하고 있다고 한다. 한국 유학생들이 주로 이용하는 낙태시술병원이 공공연하게 교민들 입에 오르내리고 있을 정도다.

한국 유학생들이 많은 위엔대학 주변으로 한국유흥업소들이 경쟁적으로 생겨나고 있다. 한 시간에 60위엔에서 100위엔 하는 노래방, 10분에 6위엔에서 10위엔 하는 당구장, 한 시간에 5위엔

한국 유학생들이 많이 살고 있는 화칭쟈웬. 그 중에는 남녀가 동거하는 이들도 적지 않다.

하는 PC방 등이 길거리마다 한국 학생들을 유혹하고 있다. 중국 상점보다 물가가 비싸다 보니 자연 유학생들의 씀씀이가 커질 수밖에 없다.

베이징사범대학에서 공부하는 한 유학생은 방값 1800위엔(23만원) 이외에 생활비로 한 달에 2000위엔(교재비와 과외비 포함) 정도를 쓰는데, 그 중에 20%인 400위엔 정도를 술값에 쓴다고 한다. 외국에 나와 있다 보니 외롭고 만날 사람은 친구들 밖에 없기 때문에 일주일에 한두 번씩 식사와 술자리를 함께 한다는 것이다. 이 학생의 경우는 그나마 아주 모범적인 사례이다. 한 달에 5000위엔 이상을 유흥비로 쓰는 학생들도 많다.

한국 유학생이 많은 우다오커우의 한 상점 주인은 주말 밤이면

베이징 한국 유학생이 자주 찾는 PC방.

술에 취해 고성 방가하는 학생이나 12시 이후의 손님 대다수가 한국 유학생들이라고 말한다.

중국유학 경비는 어떤가? 서양에 비해 상대적으로 저렴하긴 하지만 결코 만만치가 않다. 한국인들이 급증하면서 외국인들에 대한 학비는 천정부지 뛰고 있으며, 중간 브로커들의 횡포도 점점 극심해지고, 교육의 질은 떨어지는 악순환이 계속되고 있다.

대학의 경우 보통 한 학기 학비가 1만 3천 위엔(150만원)정도이며, 초중등학교는 학교의 특성에 따라 학비가 천차만별 다양하다. 한국 대기업들의 주재원 자녀들이 주로 다니는 ISB(북경국제학교, 모든 수업이 영어로 진행됨) 같은 경우 1년 학비가 2만 4천불(2900만 원)이나 된다. 다른 한 국제학교도 기부금 2500불에, 매

대학가 주변의 유흥업소.

달 550불의 학비를 내야 한다.

  한국교민들이 모여 사는 왕징에 한국인 자녀 약 300여 명이 다니는 수도사범대학 부속 초중등학교의 경우도 일반적인 중국학교이지만, 한국인 자녀들이 급증하면서 학비가 시쳇말로 장난이 아니게 오르고 있다. 어학연수 과정의 경우 한 학기 학비가 1만 6천 위엔(200만원, 대학원 과정보다 비싼 금액)이고 정상적인 학교 교육도 한 학기 학비가 5천 위엔(65만원)에, 잡비가 2천 위엔이나 된다. 한국학생들이 많다 보니 대우는 받지 못하고 학비만 계속 뛰어 오르고 있는 실정이다.

  중국은 분명 우리의 많은 젊은이들이 자신의 미래를 준비하는 과정에서 공부해야 하고 또 투자할 만한 충분한 가치를 가진 무한한 잠재력의 나라이다. 무엇보다 분명한 자기목표와 확고한 신념을 갖고 중국에 달려들어야 한다. 철저한 자기 관리와 성실한 노력으로 유학생활의 효과를 극대화하는 학생도 물론 많지만, 우리보다 문화수준이 낮고 물가가 싼 중국생활이기에 배움의 자세가 흐트러지기가 쉽고 유혹 또한 많은 것이 사실이다. 나이 어린 자녀를 아무런 연고나 관리에 대한 대책도 없이 보내 놓으면 '중국어는 배우겠지' 하는 식의 무책임한 방목 유학은 이제 지양되어야 한다.

대학을 선택할 때는 어학연수가 목적이라면 굳이 한국인들이 많아 어학환경이 좋지 않고 학비와 물가가 비싼 베이징이나 상하이 등의 대도시를 고집할 필요가 없다. 한국인이 적은 지방 중소도시의 좋은 대학을 선택하는 것이 유학생으로서 떳떳하게 대접을 받으며 저렴한 학비와 더 좋은 어학환경에서 유학할 수 있는 방법이 될 것이다.

5

부활하는 중화민족주의

중국은 비록 현재는 가난하지만 과거와 미래는 풍요로운 나라로 묘사된다. 풍부하고 뛰어난 역사 문화적 전통과 무한한 성장 잠재력을 내재하고 있으면서 그 가능성과 역량을 충분히 발현하고 있지 못하는, 잠에서 막 깨어나 조금은 '어눌한 거인'인 셈이다. 그 거인이 이제는 슬슬 정신을 차리고 질주를 위한 준비운동을 시작하고 있다. 빛을 감추고 어둠을 기르던(韜光養晦) 시대를 지나 평화롭게 우뚝 선(和平堀起) 중국은 이제 필요한 일은 적극적으로 할 수 있는(有所作爲) 저력과 국제적 위상을 확보했다. 중화패권주의로 치닫는 것을 경계하면서 공동체적 발전을 도모하려는 노력이 필요한 시점이다.

1. 강도 바다도 없는 북경 바닷가

인류의 문명은 물을 중심으로 하여 발달하여 왔다. 세계 대부분의 수도들도 큰 강이나 바다를 중심으로 하고 있다. 자고로 물은 우주의 섭리와 생명의 근원으로서 풍요롭고도 심오한 본질적 상징의 함의를 담고 있다. 만물의 이치를 표현하는 법(法)이라는 문자가 물(水)의 흐름(去)인 것처럼 말이다.

풍수지리학적으로 뛰어나다는 베이징(北京)! 그러나 그 베이징엔 큰 강도, 바다도, 이렇다 할 물줄기도 없다. 그렇다면 베이징은 어떻게 물과 바다의 이미지를 스스로 만들어내고 있는 것일까?

베이징의 서북쪽, 대학가가 몰려 있고 중관춘(中關村)이 속해 있는 해정구(海淀區)가 있다. 해정의 정(淀)은 '얕은 물, 물이 흐르다가 빠져나간 자리'라는 뜻이니, 해정(海淀)은 '바닷물이 빠

베이징 최대의 수원인 미윈(密雲)댐까지 연결되어 있다는 이화원 곤명호의 모습.

져나간 자리'라는 뜻일 것이다.

그렇다면 베이징의 서북쪽이 과거엔 바다였던 것일까? 여기서 바다는 바다같은 호수 즉, 이화원의 서해(西海)와 남해(南海), 원명원의 복해(福海)를 가리키는 것으로 황제를 위한 정원 안의 호수를 말한다.

고대 원림의 원칙상, 물은 원림을 이루는 필수 요소로서 정원 안의 물은 왕의 권력과 부를 상징하며 그것이 영원히 곁에 머물라는 뜻으로 정(靜)하게 하고, 정원 밖의 물은 권력이 자자손손 생명력 있게 흘러가라는 의미로 동(動)하게 설계되었다고 한다.

1840년 아편전쟁 이후, 중국은 '과학의 바다'를 선점하고 바다를 통해 침입하는 서양열강들에 의해 끊임없이 수난을 당해 왔다. 해군력을 증설할 예산을 이화원의 확장에 써버린 서태후는 깊고 넓게 판 곤명호에서 군함을 훈련시키겠노라고 했다고 하니 호수의 규모가 가히 바다라고 할 만도 하다.

일찍이 5.4운동시절 '과학과 민주'의 함성이 드높았던 베이징 대학의 곁에는 과학 기술에 대한 중국 정부의 엄청난 개혁 드라이브가 내리꽂히는 중관촌이 있다. 중국의 미래를 이끌어갈 정보산업의 중심지인 중관촌에 가면 굵직굵직한 건물들이 마치 파도처럼 '바다'의 이름을 하고 일렁이고 있음을 금방 느낄 수 있다.

컴퓨터와 핸드폰 관련한 딱딱한 하드웨어를 파는 전자상가에, 왜 이리도 많은 바다 이미지의 간판들이 내걸리는 것일까? IT산업과 과학 그리고 바다가 무슨 대단한 연관이라도 있다는 것일까?

중관촌의 1번지인 해룡(海龍 : 바다의 용)빌딩, 그 건물 앞에는 아예 돛을 단 철제 범선의 커다란 조소물이 차가 오가는 길가가 마치 바닷가라도 된다는 듯이 떡 하니 자리를 잡고 있다.

해룡빌딩에서 베이징대학 방향으로 길을 걸어 오르다 보면 눈앞에 커다란 건물이 하나 우뚝 서 있는데, 바로 태평양(太平洋 : 종합전자상가 건물)이다. 태평양의 바로 앞에는 1층짜리 길다란 전자상가가 있는데, 중해(中海)전자시장이다.

중해는 아마 지중해(地中海)라는 의미일 것이다. 그 곁에는 또 해성(海聲 : 바다 소리) 이라는 상점이 눈에 띄며, 그밖에도 과해(科海 : 과학의 바다), 남파해상(藍波海翔 : 푸른 파도와 바다의 날개)

중관춘의 중해전자 상가와 그 뒤로 우뚝 솟은 태평양(太平洋) 빌딩이 보인다.

등의 바다 이미지 간판의 점포들을 곳곳에서 찾아볼 수 있다.

명(明)대 베이징으로 천도한 이후, 고궁(故宮)을 중심으로 북해(北海), 남해(南海), 중해(中海)가 있었으며, 오늘날 중국 지도부의 관저와 사무실이 있는 중남해(中南海)—담배이름으로도 잘 알려진—는 바로 중해와 남해가 합해져 된 이름이다.

과거 베이징의 바다 이미지가 절대권력자인 황제의 한적한 '노님'과 '여유'를 위해 존재했었다면, 오늘날 IT 중심 중관춘의 바다 이미지는 과학기술의 넘실거리는 파도를 타고 새로운 세계와 미래를 개척하려는 '모험과 탐험 의지'의 상징이라고 할 수

바다에서 해가 떠오르는 모양의 칭화동팡(清華同方)의 로고가 붙은 칭화대학 데이타베이스건물.

있다. 미래에는 결코 그 바다를 잃고 과거와 같은 아픔을 반복하지 않겠다는 중국의 의지를 읽을 수 있는 대목이다.

중국은 황하(黃河)의 누런 황토빛(Yellow)의 과거를 딛고 쪽빛(Blue) 바다의 미래를 향해 넓고 큰 돛을 드높이 내걸고 있는 것이다.

베이징에는 바다가 없다. 그러나 '미래의 바다'와 '과학의 바다'를 향한 과감한 투자와 모험이 있고 새로운 디지털의 세계를 향한 젊은 도전의 몸짓들이 거대한 파도처럼 일렁이고 있다.

 중국에 살아서 좋은 아주 작고 사소한 것들?

우선 맥도널드나 켄터키프라이드치킨 같은 패스트푸드점에서 음식물을 먹고 직접 쓰레기를 버리지 않아도 된다. 그냥 두고 일어나면 청소하는 아주머니가 알아서 치운다. 아파트 엘리베이터에서도 층수를 누르지 않아도 내가 몇 층에 사는지 아는 엘리베이터걸이 알아서 눌러 준다.

분리수거의 불편도 덜 수 있다. 또 무단횡단을 해도 그렇게 흠이 되지 않으며 신호등이 있는 곳에서 빨간불이더라도 차가 오지 않으면 적당히 건너며 무질서의 편리함을 누릴 수 있다. 혹시 담배를 피운다면 중국에 좀 더 큰 자유가 있음을 직접 느낄 수 있다. 버스가 베이징 시내를 벗어나 도심 외곽으로 나갔다면 흡연이 묵인된다는 것을 잘 기억해두자!

알뜰 절약을 실천하고 싶은 사람에게 중국은 안성맞춤이다. 우산, 신발, 재봉틀 등 고장난 것들을 신속하게 출장 서비스해 준다. 꽃, 과일을 좋아하는 사람도 중국체질이다. 꽃을 좋아하는 여자친구의 방을 꽃으로 가득 채워 프로포즈에 성공한 후배도 있다. 중국이니까 가능하다. 단, 과일은 싸지만 한 가지 주의해야 한다. 여자후배가 싼 딸기로 딸기다이어트를 했는데 정말 살이 쭉쭉 빠지더라는 것이다. 그런데 나중에 몸이 안 좋아 병원을 갔는데 농약중독이었다고 한다. 과일은 깨끗이 씻어서 먹어야 한다.

2. 중국, 우주 시대를 향해 돛을 올리다

1961년 4월 12일, 옛 소련이 세계 최초로 유리 가가린을 우주로 올려 보냈고, 1969년 7월 20일, 미국은 달에 착륙한 닐 암스트롱 등 3명의 우주인을 탄생시켰다. 그리고 2003년 중국은 세계에서 세 번째로 유인우주선 '선저우(神舟) 5호'를 발사하였다.

1959년 10월 4일, 소련이 쏘아 올린 인류 최초 인공위성 스푸트니크(길동무, 동반자)호는 냉전시대의 동반자이자 세계 최고를 자부하던 미국을 충격에 빠뜨렸다. 그러나 이른바 '스푸트니크 충격'이 미국과 서방세계의 것만은 아니었다.

같은 사회주의 길을 걸으면서도 1956년 흐루시초프의 스탈린 비판으로 중국과 소련간에는 이념분쟁의 냉기류가 흐르고 있었고, 언제든지 무기화 할 수 있는 우주항공산업에서 소련의 급성장은 중국으로서도 부담스러울 수밖에 없었다.

2003년 10월 15일 오전 9시 발사되는 선저우 5호의 모습 (CCTV방영장면).

1959년 중·소 갈등이 표면화되면서 소련은 1955년 4월 중국과 체결했던 원자력협정 체결을 파기한 뒤 핵무기 제조에 대한 기술 이전을 거부하면서 오히려 마오쩌둥의 강경 일변도 외교를 '군사적 모험주의'로 비난했다.

타이완 문제를 둘러싸고 미국과 대립하고 우방국이라고 믿었던 소련과도 이념·국경분쟁을 겪게 된 중국은 '자력갱생'과 '자주국방'의 필요성을 절감했다. 그 결과 국가가 총력 지원해 과학 기술 연구에 매진하게 되었다.

1949년 중화인민공화국의 건국으로 외국에 있던 중국의 과학자들 약 2000여 명이 대거 귀국하고, 1957년까지 추가로 1000여 명의 유수한 과학자들이 중화애국주의로 똘똘 뭉쳐 귀국하면서 중국은 기초과학분야의 인력자원을 충분히 확보할 수 있었다. 여기에 건국 이후 국비로 파견했던 소련 유학생들까지 귀국에 가세하면서 과학 분야의 막강한 인력풀을 형성할 수 있었다.

고립무원의 외교 위기를 타파하기 위한 중국 정부의 전폭적인 지원이 합쳐지면서 중국의 과학기술은 괄목상대할 만한 수준으로 발전하게 된다. 스푸트니크 충격 이후 미국이 최초로 인간을 달에 착륙시키고 우주항공분야에서 소련을 추월했던 것처럼 중국의 분발과 성장 또한 놀라운 것이었다.

1961년 최초 단거리 액체탄도미사일 발사시험에 성공한 데 이어, 1964년 10월 16일에는 소련의 지원 없이 원자폭탄실험에 성공했다. 그 후 1967년 6월 17일에는 수소폭탄 실험에 성공했고, 1970년 4월 24일에는 최초의 인공위성 동팡홍(東方紅) 1호를 발사했다.

중국이 자력으로 개발한 원자폭탄, 수소폭탄, 인공위성은 '량단이싱(兩彈一星)'으로 불리며 마오쩌둥 시대 중국사회주의의 선진성과 자주성을 홍보하고 정치군사상 세계에서 막강한 위상과 영향력을 지닌 것으로 중국인민들에게 대대적으로 선전되었다.

중국은 1970년 이후 2000년까지 12종의 창정(長征)시리즈 로켓과 선저우(神舟) 1호 발사에 성공했고, 드디어 2003년 10월 15일 세계에서 세 번째로 유인우주선 선저우 5호 발사에 성공해 온 세계를 놀라게 했던 것이다.

2003년 10월 15일 오전 9시 정각(베이징시각, 한국시간 오전 10

유인우주선은 중국인에게 자긍심과 함께 중화민족주의를 고양하고 있다. 국경절을 맞아 톈안먼 광장에 등장한 선저우 5호의 모습이다.

시), 깐수(甘肅)성 고비사막내 만리장성 옛터에 자리잡은 지우취엔(酒泉)우주센터에서 중국 최초의 유인우주선 '신(神)의 배 선저우(神舟) 5호'가 성공적으로 발사된 것이다.

중국 최초의 유인우주선인 '선저우 5호'의 선장은 랴오닝(遼寧)성 출신의 양리웨이(楊利偉, 38)였다. 유인 우주선에는 가능한 무게를 줄이기 위해 과학 장비가 탑재되지 않고, 우주 방사능 영향 실험을 위해 종자 900g만이 실렸다. 우주선의 총 길이는 58.3미터, 무게는 479.8톤으로 3개의 모듈로 구성되었다.

총 190억 위엔(2조6600억 원)이 투입된 중국의 유인 우주선 개발은 1999년 11월 선저우 1호, 2001년 1월 2호, 2002년 3월 3호, 2002년 12월 4호의 발사 성공을 거치면서 지속적으로 추진되어 왔다. 마침내 선저우 5호는 양리웨이(楊利偉)를 태우고 창정(長征) 2-F 로켓에 실려 발사된 후, 10분만에 로켓에서 분리되어 고도 200~350km의 지구 타원궤도에 성공적으로 진입했다. 343km 지점에서 원형 궤도로 자리를 잡은 후, 약 23시간 동안 지구궤도를 14바퀴 순회하다가 발사 다음날인 16일 오전 8시경에 네이멍구(內蒙古)자치구 쓰쯔왕치(四子王旗)의 초원에 무사히 착륙했다.

중국인들은 "선저우 5호 유인우주선의 발사 성공은 우주 항공기술이 세계 최고 수준에 도달했음을 입증하는 것이며, 중국이 세계 과학 기술의 정상에 올라섰음을 말하는 것으로 중국인들에게 자긍심을 주고 영원히 잊혀지지 않을 중대한 역사적 사건으로 기억될 것"이라고 말하며 한껏 고무되었다.

특히 중국은 선저우 5호 유인우주선의 전 장비를 자력으로 개발함으로써 우주산업분야에 수준 높은 기술력을 입증하게 되었다. 조종사의 안전보장을 최우선으로 하는 탈출장치나, 대서양에 떠 있는 관측제어선 위엔왕(遠望) 3호에 의해 귀환선이 원격 조정되는 기술, 낙하시 자동 감속시스템 등도 중국의 연구기술진에 의해 새롭게 선보이는 눈부신 첨단 항공기술들이었다. 또한 양리웨이는 중국 최초의 우주인으로 중국인들 가슴속에 영원히 인민영웅으로 남을 것이다.

또 중국은 90%에 달하는 발사성공률과 저렴한 발사 비용으로 외국의 상업용 로켓 27개를 대신 발사해 주는 등 항공산업분야

유인우주선에 탑승 직전 중국 최초의 우주인 양리웨이와 후진타오의 접견 모습. 중국 거의 모든 대학에 게시되어 있는 사진이다.

에서 최고 기술력을 인정받았다. 그리고 2005년 10월 13일 2명의 우주비행사를 태운 두 번째 유인우주선 선저우 6호를 성공적으로 발사했다.

중국은 여기서 그치지 않고 선저우 7,8호를 발사할 계획이고 '다인다일(多人多日)'의 우주비행에 성공함으로써 앞으로 중국은 자신감을 갖고 우주공간에서의 우주정거장 건설과 달, 화성 탐사 프로젝트를 추진할 수 있게 될 것으로 보인다.

중국은 2007년에는 항공사의 선외 활동인 우주유영을 실현하고, 2009~2012년에는 우주선의 도킹 실험을 통해 우주정거장을 건설하며, 2017년에는 달에 우주인을 보내겠다는 '창어(嫦娥) 프로젝트'와 2020년까지는 화성탐사 계획인 '수왕싱(雙星) 프로젝트'를 완성하겠다는 야심 찬 프로젝트를 단계별로 내놓았다. 비록 일부 분야이긴 하지만, 이미 아시아의 최고가 된 중국의 거대한 힘이 느껴진다.

중국의 과학기술 연구의 방향도 군수와 우주항공산업에서 IT, 생명공학, 자동차 등의 산업분야로 옮겨져 세계 선진 각 국을 긴장시키고 있는 상황이다. 중국의 높아진 과학기술은 이제 사회주의체계의 우월성 과시와 체제 홍보 수단으로서의 의미를 넘어 중국 경제 도약의 중심축으로 자리를 잡아가고 있다.

순수 자국의 기술로 세계에서 세 번째로 우주 클럽에 가입한 중국은 2008년 베이징 올림픽과 2010년 상하이 세계박람회 개최지 선정에 이어 또 한번 국가적 경사를 맞이하고 있다. 유인우주선 발사 자체가 인류를 위해 뭐가 그리 중요하랴? 하지만 '과학 기술이 최고의 생산력' 이라는 구호 아래 경제 건설을 위해 과학기술의 역할론을 강조해 온 중국은 선저우 5호와 6호의 연이은 유인우주선 발사 성공으로 무엇보다 경제 발전에 더욱 큰 자신감을 얻게 될 것 같다.

우리에게 왜 '선저우쇼크'는 없는가!

2004년 기준으로 중국의 1인당 국민소득은 1277달러로 우리나라의 10% 수준에 불과하다. 식품 제조와 가공에 발암물질인 말라카이트 그린을 사용하고 기준치 이상의 납과 기생충알이 든 김치를 만드는 나라이다. 아직 먹고 사는 문제가 완전히 해결되지 않은, 웰빙의 '웰'자도 들어 본 적이 없는 나라이다.

선저우 6호 발사 이후, 미국 〈타임〉지는 우주개발 분야에서 '중국대 일본, 2 대 0'이라고 소개하며 아시아에서 최고 수준의 과학기술과 경제력을 자랑하던 일본이 중국에게 그 자리를 빼앗기고 있다고 전했다.

'선저우 6호'가 발사되던 날, 우리나라 포털사이트에는 '희귀동물 씨 말리는 중국인 먹성'에 관한 보도가 첫 화면을 장식했다. 또 방송사에서는 인간이 개발한 최고난도의 비행기술을 선보이는 우리나라의 '서울 에어쇼 2005'에 대한 보도가 고작이었다. 우리나라의 기초과학 연구 현황이나 우주항공산업의 발전 수준, 앞으로의 발전 방향을 다루는 언론 보도나 사회적인 논의 자체를 찾아보기 힘들었다.

그렇다면 우리에게 '선저우 충격'은 없는가?

중국의 저급한 먹거리가 우리의 식탁을 오염시킨다고 해서 중국에 대해 부정적인 인식을 갖고 중국농민을 탓할 수만은 없는 일이다. 먼저 중국산을 수입하는 우리의 검역시스템을 점검하는 반성적 태도가 필요하듯이, 마찬가지로 이번 중국의 두 번째 유인우주선 발사에 대해서도 '배앓이'와 '외면'보다는 우리의 우주산업에 대한 총체적 점검과 발전적 논의가 더욱 필요한 것은 아닐까.

3. '집 청소 끝내고' 목소리 높이는 중국

　네이멍구(內蒙古) 여행을 하던 중 후허하오터(呼和浩特)에서 기차 시간이 남아서 역 주변을 구경하다 사진을 몇 장 찍었다. 그런데 갑자기 한 사내가 다가오더니 "왜 사진을 찍느냐"고 물으며, 대뜸 "너 미국 스파이(중국어로 터우-特務 라고 한다)지?" 하는 것이다.

　순식간에 내 주위로 삼사십 명의 중국인이 모여들었다. 그 낯선 남자는 디지털카메라를 빼앗아 찍어둔 시장과 거리풍경 사진을 가리키며, "중국의 약점을 찍어서 미국에 보내는 스파이가 맞다"고 소리쳤다. 다행히 옆에 파출소가 있어서 "파출소에 가서 해결하자"고 했더니 태도를 누그러뜨리며 물러났다.

　그는 단순히 관광객들에게 겁을 주어서 돈을 뜯어내는 사기꾼 같았는데, 그 수법에 미국 스파이가 이용된다는 점이 놀라웠다.

우리나라에서 반공이데올로기가 기승을 부리던 시절, '빨갱이'이란 말 한 마디가 목숨을 좌우하던 때가 있었다. 중국에서는 바로 '미국 스파이(메이궈터우-美國特務)'가 이에 해당되는 말이 아닌가 싶다.

실제로 지난 2004년 7월 25일 상하이(上海)에서는 미국 국적의 화교 왕페이링(王飛凌)이 중국의 국가 기밀을 빼내 미국에 보냈다는 비밀첩보혐의로 체포되어 강제 출국되기도 했다.

중국인들은 미국에 대해 노골적으로 반감을 표출하지만, 중국 정부는 1999년 5월 8일 미국이 주도하는 나토(NATO)의 유고슬라비아 주재 중국대사관 오폭 사건 때 보여준 것처럼 감정적 대응을 자제하며 철저하게 국익을 이끌어 내는 데 반미정서를 활용하고 있다.

대다수 중국인들은 미국이 온갖 방법을 동원하여 중국의 발전을 가로막고 있다고 생각한다. 미국이 타이완과 중국과의 통일을 방해하기 위해 타이완에 무기원조 등 군사동맹을 강화하고 있으며, 티벳의 독립운동을 배후 조종하면서 지원하고, 또 중국의 혼란을 조장하기 위해서 6·4 톈안먼(天安門)사건과 파룬궁(法輪功) 등도 암묵적으로 지지했다고까지 믿고 있다.

뿐만 아니라 국제사회에서 미국이 중국의 내정문제인 정치민주와 인권상황을 걸고 넘어지며 중국의 거사를 방해한다고 주장한다. 실제로 미국은 매년 국회보고서 등을 통해 중국의 일거수일투족을 관찰하며 중국의 아킬레스건을 찾아 외교카드로 적극

미국에서 폭행당한 자오옌양 소식을 보도하는 CCTV. 중국 외교부의 적극적인 대처가 과거와는 달라진 모습이다.

활용하고 있기도 하다.

이런 가운데 최근 미국 경찰이 미국 여행을 하던 한 중국 여성을 구타한 사건이 발생하면서 중국내에서는 또 다시 반미감정이 고조되고 있다. 2004년 7월, 상업적 목적으로 미국에 합법 입국한 중국인 자오옌(趙燕)양이 미국 이민국 소속 경찰에게 아무런 이유 없이 구타를 당하는 사건이 발생한 것이다.

당시 자오양은 미국과 캐나다의 국경부근인 나이아가라폭포를 관광 중이었다. 아무런 범죄 행위를 저지르지 않은 상황에서 불법입국자로 간주, 3명의 미국 경찰로부터 수갑으로 묶인 채 심한 폭행을 당했던 것이다.

이 소식이 중국에 전해지면서 중국외교부는 적극적으로 자오양의 신변 안전을 보호하는 한편 조속하고 공정한 사건 해결을

중국인들의 자신감은 도처에서 감지된다. 아시안컵에서 중국팀을 응원하는 치우미의 모습.

미국 측에 촉구했다.

　미국 정부는 콜린 파월 국무부 장관이 리자오싱(李肇星) 중국 외교부장에게 보낸 서한을 통해, 사과와 책임자 처벌의 뜻을 전하는 등 정부 차원에서 유감의 뜻을 표명하며 신속한 사건 수습에 나섰다.

　중국인들은 인권 대국이라는 미국이 무고한 외국인에게 저지른 반인륜적 폭행이라며 비아냥거렸고, 미국 내에서도 중국의 언론이 반미를 조장한다고 주장하기에 앞서 패권적 일방주의가 미국에 대한 중국인의 혐오감을 자극하고 있다는 자성의 목소리가 터져나왔다.

　개인피해 사례를 중국인의 민족자존 문제로 간주하여 신속하고 엄중하게 대처하는 중국 외교부의 태도는 가히 강화된 중국의 힘을 실감하게 했다. 중국은 여기서 멈추지 않고 미국이 늘 걸고넘어지는 인권문제에 대해서도 역공을 펴기까지 했다.

베이징에 있는 중국 외교부 건물. 수세적이던 외교 전략이 공세적으로 변화하고 있다.

비록 대국이지만 경제적 낙후로 인해 제 목소리를 내지 못하고 묵묵히 생존과 발전을 도모해 오던 중국의 외교전략이 새로운 역사 환경 속에서 조금씩 변하고 있는 것이다. 드러내 놓고 흥분하지 않으면서 침착하고 냉정하게 다음 수를 계산하는 중국의 외교적 포석이 무섭게 느껴지기까지 한다.

'집 청소를 하고 손님을 맞이한다(打掃干淨屋子再請客人)'는 말처럼 방어적, 수세적 외교전략이 이제 집 청소를 끝내고 유리한 입장을 선점하려는 적극적인 외교전략으로 바뀌고 있는 것이다. 중국 외교는 더 이상 수동적이지 않다. 오히려 중국의 외교는 전략적 안목을 갖고 국가전략과 맞물려 거시적으로 작동하고 있다.

한반도의 통일 이후를 내다보며 철저한 국가전략에 의해 추진된 고구려사 왜곡이 그 대표적인 사례일 것이다. 최근 발생한 외교사안에 적극 대처하는 중국 정부의 행보를 보면 미국이든, 누구든 할 말은 분명히 하고 필요한 역할은 충분히 실현해 내겠다는 유소작위(有所作爲)의 외교전략을 읽을 수 있다.

상하이에 하늘로 치솟는 처마는 욱일승천하는 중국의 기세를 느껴지게 한다.

80, 90년대 '패권을 쥐지 않고, 우두머리가 되지 않으며, 재능을 숨기고 때를 기다리는(不稱覇, 不當頭, 韜光養晦)' 방어와 수세의 외교전략으로 연소항미(聯蘇抗美), 연미항소(聯美抗蘇), 반미반소(反美反蘇)를 거치면서 철저한 국익을 위해 다원외교를 추구하던 중국이 이제 유리한 입장을 선점하려는 전략적인 공세 외교를 추진하려는 움직임을 보이고 있다.

더 나아가 경제성장에 고무된 중국이 자신감을 갖고 노골적으로 공격적인 대외관계를 펴나가면서 여러 모로 주변국과의 잦은 마찰을 불러오고 있다.

2004년 중국은 타이완이 헌법개정을 통해 2008년 올림픽 전에 독립을 추진하려는 것과 관련하여 타이완에 대한 공격의 수위를 높이고 있으며, 동북공정을 통한 고구려사 왜곡으로 우리나라와

베이징 왕푸징의 다국적기업의 간판들이 내걸려 있지만 외국어로 된 것은 찾아 보기 힘들다. 이질적인 것을 용해하여 수용하는 중국화의 모습은 영어를 포함 외국어 간판이 즐비한 우리와는 사뭇 다르다.

도 수교 이래 최악의 관계로 치닫고 있다. 우리를 무시한다는 생각마저 들게 했다.

중국인의 반일감정은 우리가 상상하는것 이상이다. 일본과는 집단매춘, 일본이 폐기한 생화학무기 폭발로 인한 사상자 배상문제, 고이즈미총리의 야스쿠니 신사 참배, 댜오위다오(釣魚島) 영유권 분쟁, 남중국해 가스전 개발 마찰, 역사교과서 왜곡 등 끊임없는 대결 양상을 보이고 있다. 아시아의 맹주 자리를 놓고 자존심 대결 양상까지 더해서 얽힐대로 얽혀 있다.

중국은 더 이상 제3세계가 아니며 평화공존 5원칙(주권과 영토의 상호존중, 상호불가침, 상호내정 불간섭, 평등과 상호이익, 평화공존)을 주장하며, 도광양회(韜光養晦, 빛을 숨기고 어둠을 기른다)하지 않는다.

이미 고구려사 왜곡에 이어 우리정부의 시정과 재발 방지 요구를 거부함으로써 평화공존원칙을 스스로 파기하고 있지 않은가. 고구려사 역사왜곡을 통해 알 수 있듯이 중국의 성장이 '중화민족주의를 앞세운 패권주의'로 이어질 것은 불을 보듯 뻔한 일이다. 중국이 주장하는 화평굴기(和平堀起, 평화롭게 우뚝 일어서다)라는 것도 다름 아닌 또 다른 패권주의를 의미할 뿐이다. 우리에게는 눈 시퍼렇게 뜨고 경계해야 할 대상이 하나 더 늘어난 셈이다. 일본에 이어 중국까지 말이다.

4. 중국 군사력, 주변국들 '신경 쓰이네'

2004년 7월 6일, 일본 국회를 통과한 일본의 〈방위국방백서〉는 중국을 일본의 '가상의 적'으로 규정, 중국에 대한 견제를 본격화했다. 중국의 민족주의 정서가 고조되고 군대 현대화가 가속화되는 등 일본의 새로운 위협이 되고 있다는 게 그 이유다.

이와 함께 2001년 이미 중국을 '가상의 적'으로 설정했던 미국도 최근 중국의 동산다오(東山島) 군사훈련을 두고 타이완 공격을 위한 예비훈련이라며 '중국위협론'의 수위를 높였다.

흔히 중국의 외교정책을 일컬어 '도광양회(韜光養晦)'라는 말을 사용한다. 빛을 숨기고 어둠을 기른다. 즉 재능과 능력을 드러내지 않으면서 때를 기다린다는 의미이다.

그런데 이 말은 베일에 싸인 중국의 국방력을 표현하기에도 안성맞춤이다. 정확한 국방비 총액이 밝혀지지 않은 상태에서 끊임

〈중국은 일본의 가상의 적〉이라는 표제로 일본의 방위백서 내용을 1면에서 다루고 있는 중국 〈칭니엔찬카오(靑年參考)〉신문.

없이 국방예산이 증액되고 있다고만 발표되며 그 불투명성을 심화시키고 있기 때문이다.

  91년 걸프전에서 선보인 미국의 하이테크 무기에 자극을 받은 중국군은 러시아로부터 각종 무기를 대량 구입하면서도 독자적인 군사기술개발에 전력을 기울이는 등 군의 현대화에 주력하였

8월 1일 건군일을 맞아 CCTV에 방영된 중국군의 모습. 우리의 뇌리에는 아직도 인해전술이 남아 있지만 중국군은 빠르게 현대화, 첨단화하고 있다.

다.

중국은 90년대 초 300만이던 총 병력수를 2000년대 200만 명대로 줄이면서 소수 정예화하고 있으며, 군사비는 6배 증가하여 GDP 증가율 5배를 넘어서고 있다.

토마스 J. 크리스텐슨 MIT 교수를 비롯한 미국의 많은 군사전문가들은 중국의 고도경제성장이 지속되면서 군사비가 계속 늘어나고, 군이 현대화하고, 해군력의 증강으로 중국은 미국과 어깨를 나란히 할 군사강국이 될 것이라는 전망을 내놓고 있다.

최근 일본이 발표한 방위백서에 따르면, 2004년 한 해 중국의 국방비는 213억 8천 위엔(3조 2070억 원)으로 전년도에 비해 11.6%가 증가했다. 중국의 국방비는 1989년이래 14년 연속 증가 추세에 있으며, 2002년에는 17.6%(252억 위엔)가 증가하여 최고 수준을 기록한 바 있다.

일본의 방위백서는 중국이 고도의 경제성장과 함께 민족주의 정서가 고조되고 군의 현대화가 이루어지면서 일본 안보를 위협하는 존재가 됐다면서, 중국을 일본의 '가상의 적'으로 규정한 것이다.

일본은 1970년 이래로 매년 〈방위국방백서〉를 발표해오고 있는데, 매 시기 주적 개념이 변화해 왔다. 냉전시기 일본은 소련을 주적으로 설정하고 주로 북방의 4개 섬에 대한 영토분쟁에 대비하여 북해도에 군사역량을 집중시키고 훈련을 강화했다.

냉전체제가 붕괴되면서 일본의 군사력은 북쪽에서 서쪽으로 이동 배치되었다. 북한의 핵문제가 불거지고 북한이 노동, 대포동 미사일 실험을 시행하자, 일본은 '북한위협론'을 거론하며 유도탄방어계획 등 군사력을 대폭 강화하였다. 그리고 2004년, 중국이 일본의 가상의 적으로 공식 등장한 것이다.

1990년대 초 미국에서 제기된 중국위협론은 90년대 말부터 일본에서도 제기되기 시작했다. 전반적인 세계경제의 불황 속에서도 '나 홀로 성장'을 지속하던 중국에 대한 경제적 위협론이 최근에는 아시아에서의 힘의 균형이 중국의 등장으로 무너지고 있다는 안보위협론으로 확대된 것이다.

이른바 '중국위협론'은 미국의 로스 먼로(R. Munro)가 1992년 〈정책 리뷰(Policy Review)〉 가을호에 게재한 〈깨어나고 있는 용—아시아의 진정한 위험은 중국으로부터 온다〉는 논문에서 처음 제기됐다. 1978년 개혁 개방 이후 급속한 경제성장을 이룬 중국이 새롭게 축적한 경제적 부를 군사력 증강에 투입하며, 미국의 군사 및 경제를 위협하는 존재로 변화할 수 있다는 논지의 주장이었다.

미국은 이미 2001년 3월, 우주항공 모의 전투훈련에서 당시 우주항공 능력이 전무하던 중국을 가상의 적으로 설정한 바 있다. 2004년 의회에 제출된 미 국방부의 〈중국군사보고서〉는 중국의 국방비에는 무기개발 및 생산액이 포함되지 않았다며, 2003년 중국의 실제 국방비 지출은 중국이 밝힌 200억 달러보다 훨씬 많은 500~800억 달러로 미국과 러시아에 이어 세계 3위 수준일 것이라고 추측하였다.

이에 대해 중국 국방대학의 진이난(金一南) 교수는 전세계 연간 국방비가 9000억 달러인데, 이중 절반에 가까운 4000억 달러를 미국의 1년 국방비가 차지하고 있다며 중국의 국방예산은 기타 선진국에 비해 결코 과다한 수준이 아니라고 반론을 제기하기도 하였다. 실제로 중국의 국방비가 증가 일로에 있는 것은 사실이지만 미국에 의해 의도적으로 부풀려지고 있다는 지적도 많다.

미국 국방부의 보고서는 또 중국의 국방건설이 10~15년 내에 세계 수준의 군사력을 보유하는 것을 목표로 하고 있다는 점을 지적하고, 러시아로부터 수입한 잠수함과 자체 개발한 이동식 CSS-6 미사일의 변형 형태인 유도미사일이 각각 타이완과 일본

시안(西安)아방궁의 전사들. 중국의 중화 패권주의가 되살아 나는 듯하다.

을 겨냥하면서도 동시에 미군을 견제하는 대표적인 무기들이라고 분석했다.

저우언라이(周恩來)가 주창한 평화공존 5원칙 발표 50주년을 맞아, 원쟈바오(溫家寶) 중국 총리는 중국은 결코 패권주의를 지향하지 않으며 달라진 세계질서에 따라 화평굴기(和平崛起)의 원칙을 지켜가겠다고 강조했다. 군사적 강국으로 거듭나겠지만 역사적 전례처럼 패권을 휘두르며 다른 나라를 침략하는 대국으로서 국제 질서를 교란하고 세계 평화를 위협하지 않겠다는 의미이다.

중국인들은 자국의 군사력 증대에 대해 대체로 긍정적인 반응이다. 1840년 아편전쟁 이후 끊임없이 서양 열강의 침략을 받았던 중국인들은 한결같이 경제건설과 동시에 군사적 강국을 건립하는 것이 시급하다고 인식하기 때문이다.

중국 띠즈(地質)대학의 한 대학생은 1999년 발생한 미국의 주유고 중국대사관 오폭사건을 언급하며, "중국은 표면적으로 타이완과의 통일을 위해 군사력 증강을 추진하고 있지만, 궁극적으로는 타이완의 배후에 있는 미국과 어깨를 나란히 하기 위해서 더 많은 군비확충과 군의 현대화가 필요하다"고 지적했다. 그 학생만의 생각일까?

전 세계가 경제발전을 토대로 급성장중인 중국의 군사력을 위협으로 느끼며 주목하고 있는데, 이는 우리에게도 시사하는 바가 크다 할 것이다.

5. 중국 IT산업 약진 이유 있었네

"과학기술이 최고의 생산력이다."

중국의 실리콘 밸리 중관춘(中關村) 해룡(海龍)빌딩 앞에 커다랗게 버티고 서 있는 문구이다. 1950년대 생산수산의 사유제를 사회주의 경제체제로 개조한 이후 중국은 생산력 증대를 위해 끊임없는 시행착오를 겪어왔다. 1958년 시작된 대약진운동 때는 인민공사, 66년~76년 문화대혁명 기간에는 생산관계를 중시하는 계급투쟁노선을 통한 생산력 증대를 시도했지만 한결같이 실패했다. 그 결과 날로 증가하는 국민의 물질, 문화적 수요와 낙후된 사회생산력 사이의 격차와 모순은 커져만 갔다.

중국은 낙후된 사회생산력을 끌어올려 기본적인 현대화를 이루기까지의 과정을 '사회주의 초급 단계'로 정의하고, 그 기간을 1950년 이후의 100년 즉, 2050년까지로 상정해놓고 있다. 중국

베이징 중관춘에 내 걸린 "과학기술이 최고의 생산력이다 (科學技術是第一生產力)"는 구호.

은 생산력 증대를 위한 최대의 방편으로 '과학기술'을 들고 나섰고, 정부의 가공할 만한 투자와 지원 속에서 지금 'IT혁명'을 수행하고 있는 중이다.

중국의 IT산업은 매년 10%대의 고속 성장을 거듭하고 있다. 2003년 상반기 중국의 첨단기술 제품 수출 총액은 4백40억 달러 이상으로 전년 동기 대비 54.6%의 높은 증가율을 기록했다. 휴대전화 사용자가 2001년 7월 말에 이미 1억2천60만 명으로 미국을 제치고 세계 1위의 자리에 올랐다. 2004년 12월, 9천 4백만을 돌파한 인터넷 이용자는 현재 1억을 넘어섰을 것으로 추산된다. 매년 7~8%대 놀라운 경제 성장이 그저 값싼 노동력을 기조로 한 제조업에 힘입었다고 생각하는 것은 이제 더 이상 중국 경제에 대한 올바른 인식이 아니다.

우리가 중국보다 크게 앞서 있다고 생각하는 IT산업 방면에서 양국 기술 격차는 최근 몇 년 사이 크게 줄어들고 있다. 휴대전화, 온라인 게임, 디지털 가전 분야의 경우, 한국이 기술적인 면에서 현재 조금씩은 앞서 있다고 하나 향후 1~2년 내에 추월 당할 가능성이 있다고 분석된다. 저임금을 통한 노동집약적인 제조업 품목이 아닌 첨단과학기술 제품이 중국 경제의 견인차 역할을 대신하고 있다고 해도 과언이 아니다.

이처럼 눈부신 중국의 IT산업 발전의 원동력은 과연 무엇일까. 우선 IT산업에 대한 정부의 정책적인 육성책과 높은 투자 연구 수준을 들 수 있다. 중국 정부는 과학기술에 대한 투자를 GDP의 1.1%대로 책정하고 있으며, 1천억 위엔을 IT 관련 R&D 투자비로 쏟아 붓고 있다.

칭화대학 졸업생이 미국 유학 후 창업한 인체인식 보안장비를 만드는 스마트아이(Smart Eye)라는 회사는 아무런 이윤 창출 없이 정부와 칭화대학의 지원금으로 1년 반 동안 기술 연구만 하고 있다. 이 같은 정부의 지원은 곧 현실로 이어져 과학기술 연구 성과 능력을 알 수 있는 세계 유수 잡지의 연구논문 게재 수에서 중국을 세계 9위에 오르게 했으며 논문 수는 한국의 2배에 달한다.

정부는 거대한 IT 시장으로서의 장점을 최대로 활용하면서 해외 투자를 강화하고 외국의 선진 IT 기업과의 전략적 기술제휴와 중국 시장 참여를 조건으로 한 첨단기술 이전 등을 직접 나서 중재하고 있다. 또한 중국 정부는 각 대학의 과학기술원과 유학생 창업지원센터 등을 통하여 젊고 유능한 IT 인재의 창업을 적극 지원하고 있다. 외국 유학 후 귀국 창업 시,

중국의 실리콘밸리 '중관춘'의 모습. 베이징을 돌아다니다 보면 곳곳에 있는 과학연구센터들을 쉽게 찾아볼 수 있다.

창업에 필요한 행정사항을 처리해주거나 기술적인 코디네이터 역할을 해주고 있다. 뿐만 아니라 창업에 필요한 자금 지원과 사무실 무료 임대, 3년 간 면세 혜택 등 회사의 실적에 따라 다양한 지원과 혜택을 아끼지 않고 있다.

거대한 구매력이 있는 시장과 선진기술과의 제휴, 거기에다가 정부의 대폭적인 지원까지 등에 업은 중국 IT업계의 비약적인 발전은 어쩌면 당연한 결과인지도 모른다.

다음으로 IT 방면의 젊고 우수한 인재와 학계, 산업계의 유기적인 '산학협력' 체제를 들 수 있다. 칭화대학 컴퓨터학과 졸업생 중 20%가 미국, 영국 등으로 유학을 하고 돌아와 거의 대부

분이 IT 관련 창업을 한다. 과거 중국의 기업은 자체 기술 연구 역량을 갖지 못하고 대학의 높은 기술 연구 성과를 활용하였다. 이런 기업 문화가 자연스럽게 산학협력시스템을 구축하게 되었는데, 현재 중국의 3대 IT 회사는 모두 이와 같은 산학협력으로 성장한 '학판(學瓣)기업'이다.

가정용컴퓨터 생산 세계 3위이자 중국 국내 컴퓨터 생산량의 28%를 차지하는 리엔시앙(聯想)은 중국과학원의 컴퓨터연구소에서, 중국 컴퓨터 생산량의 10%를 차지하는 팡정(方正)은 베이징대학에서, 그리고 1999년 설립되어 무서운 속도로 중국 IT업계에 새로운 강자로 부상하고 있는 통팡(同方)은 칭화대학에서 출발한 기업이다.

이들은 대학의 우수한 연구 브레인이 개발한 첨단기술을 곧바로 시장에 상품화함으로써 변화 속도가 빠른 IT업계에서 꾸준히 경쟁력을 갖고 살아남을 수 있었다. 철저하게 시장 원리에 따른 실무 위주의 대학교육과 이를 바로 프로그램이나 제품생산으로 연결해내는 유기적인 산학협력체제가 중국의 IT 발전의 밑거름이 되고 있는 것이다.

중국은 더 이상 우리에게 시장으로서의 매력만 가진 나라가 아니다. 오히려 중국이 우리나라를 그들의 시장으로 공략하며 우리의 기술 수준을 위협하는 단계에 접어들었다. 컴퓨터 마이크로칩 분야의 한국 시장 40%를 중국이 차지하고 있을 정도이다.

베이징대학 과학기술원의 장쟈리(張佳利) 부원장은 중국이 한국에 비해 뒤쳐진 IT 분야를 어떻게 따라잡을 것인지 묻자, 중국의 목표는 한국이 아니라고 의미심장한 대답을 했다. 중국이 언제까지 누군가를 따라잡고 있지만은 않을 것이라고, 그리고 가까운 미래에 중국만의 IT상품을 만들어낼 것이라고 야심 찬 계획을 소개하기도 했다.

IT 방면에서 한중간의 치열한 대결이 예견되는 가운데 중국과의 경쟁 구도하에서 우리의 대응책과 전략을 다시 한 번 점검해야 하지 않을까. "산업화는 뒤졌지만 정보화만은 뒤질 수 없다"며 그동안 IT 분야에 절박한 노력을 경주하여 거둔 성과를 바탕으로 무섭게 성장하는 중국 IT의 추격을 뿌리치고 세계 최고 수준의 IT 강국 위상을 지켜가야 할 것이다.

6. 2008년 베이징올림픽으로 도약을 노리다

2003년 8월 3일 저녁 9시, 베이징의 천단공원 기년전(祈年殿)에서 2008 베이징올림픽의 휘장이 발표되었다. 우리나라에도 널리 알려진 장이머우(張藝謀) 감독이 총연출을 맡은 이날 행사에는 IOC위원들 뿐만 아니라, 중국의 문화공연단과 유명 인기 스타와 스포츠 스타 등이 총출동하여 성대한 축하공연을 가졌다. 중국의 찬란한 전통문화와 미래의 올림픽 이미지를 잘 조화시킨 화려하면서도 아름다운 공연은 기년전 앞의 2008 객석의 관객들과 13억 중국인들에게 잊을 수 없는 한여름 밤의 추억을 선사하기에 충분했다.

중국의 탁구스타 덩야핑(鄧亞萍)과 홍콩 영화배우 청룽(成龍)이 함께 운송한 은으로 만든 함 속에 2008년 베이징올림픽의 휘장이 들어 있었고 관객들의 뜨거운 환호 속에 그 모습이 세상에

2008년 베이징올림픽 휘장. 춤추는 베이징. 도장과 서예기법을 활용한 역동적인 이미지로 형상화되었다.

공개되었다.

2008년 베이징올림픽 휘장의 이름은 '중국인, 춤추는 베이징(中國印·舞動的北京)'이다. 4,5천년 전부터 사용되어 온 전통적인 중국의 도장 형식을 빌어 베이징의 '경(京)'자 모양을 춤추며 뛰어가는 역동적인 모습으로 형상화하였다. 유구하고 찬란한 중국의 전통 문화와 '보다 빠르게, 보다 높게, 보다 힘차게'의 올림픽 모토를 잘 조화시킨 것으로 보여진다.

약 2000여 개의 응모작 중에서 선정된 이 작품은 중국 전통의 도장과 서예기법을 기본 형식으로 하면서도 춤추며 뛰어가는 역동적인 스포츠의 이미지를 잘 표현해내고 있다. 붉은 인주의 빛깔은 바로 중국을 대표하는 색으로서 열정과 경축의 의미를 지니

2008년 베이징 올림픽 개최에 발맞춰 대대적인 리모델링 공사가 진행중인 천단공원 기념전의 모습이다. 이곳이 바로 베이징올림픽 휘장이 처음 공개 발표된 곳이다. 600년 역사의 천단공원 기념전의 이번 공사는 근 100년 만에 최대 규모이다.

며, 춤추고 어깨동무를 한 것 같은 형상은 세계인들을 맞이하는 중국인들의 마음을 표현해내는 것이라고 한다.

아래의 'BEIJING2008' 이라는 글씨체는 한(漢)대의 죽간체로서 유구한 전통의 서법을 잘 살려서 위에 있는 휘장과 조화를 이루게 하고 있다.

천단공원에서의 공연을 지켜본 한 베이징 시민은 도장의 의미가 어떤 약속을 뜻하는 것처럼, 2008 베이징올림픽 휘장은 56개 민족, 13억 중국인이 세계를 향해 손가락을 걸고 세계의 하나됨과 세계평화와 세계번영을 위해 노력하겠다는 하나의 약속이라고 소감을 말하기도 했다.

2008년 베이징올림픽 휘장 '중국인, 춤추는 베이징(中國印・舞

動的北京)'은 각종 올림픽 기념품에 새겨져 중국인들에게 많은 사랑과 환영을 받을 것으로 보인다.

그런데 '중국 백년의 꿈' 2008 베이징올림픽이 중국인들에게 마냥 즐겁지만은 않은 고민거리를 안겨주고 있으니, 바로 개최 날짜에 관한 문제이다.

베이징올림픽 개최일과 시간은 '2008년 8월 8일로 저녁 8시'로 결정됐다. 언뜻 보면 중국인이 좋아하는 8(8의 발음이 '빠—八'인데 돈을 번다는 의미의 '파—發'와 발음이 비슷하므로)에 일부러 맞춘 것처럼 보이지만 속사정을 들여다보면 중국올림픽위원회의 말 못하는 고충이 스며있다.

베이징의 8월초는 연중 가장 덥고 비가 많이 내리는 시기이다. 오히려 날씨가 시원하고 선수들이 경기력을 발휘하는 데 가장 적당한 시기는 최소한 8월말~9월이다. 그럼에도 불구하고 한여름에 올림픽을 개최키로 한 이유는 무엇일까.

이는 국제올림픽위원회(IOC)의 권고 때문이다. 8월 초 휴가철에 올림픽이 개최되어야 서구인들이 시차문제를 극복하고서라도 올림픽을 본다는 것이다. 그래야만 TV중계권과 광고수입 후원업체를 모집할 수 있다는 논리가 강하게 작용했다.

베이징올림픽이 8월 말로 연기될 경우 미국이 개최하는 테니스대회와 메이저리그 야구시즌과 겹쳐서 선수 출전이 어렵고 올림픽 관객도 줄어들 것이라는 이유도 있다. 결국 '울며 겨자 먹기'로 한여름 장마철에 날을 잡을 수밖에 없었던 것이다.

'중국 백 년의 꿈' 이라던 올림픽 성사로 기뻐했건만 개최일도 마음대로 결정할 수 없다는 사실을 안 중국인들은 망연자실했다. 한여름 장마철에 개최일을 잡은 중국올림픽위원회는 벌써부터 개막식에 비가 내리면 어떻게 하나를 걱정해야 하는 처지이다.

베이징올림픽 주경기장인 '냐오차오'의 설계도 모습. 당초 건설비를 35억 위엔으로 예산했다가 경제성과 올림픽 후의 관리 문제가 제기되면서 28억으로 공사비가 감축됐다.

현재 베이징 아윈촌(亞運村) 북쪽에 건립중인 올림픽 메인스타디움 '냐오차오(鳥巢, 새 둥지의 모양으로 생겨서 붙은 이름)'는 설계와 선정 당시에는 세계 최초로 지붕이 있는 돔식 종합경기장이었으나, 6700여 톤에 달하는 지붕의 안전과 건설비용 문제가 거론되면서 치열한 논쟁 끝에 지붕이 없는 형태로 짓고 있는 중이다.

냐오차오는 건설비용을 최소화했다고는 하지만 3억6천만 달러라는 막대한 자금이 소요된다. 그러나 개막일이 우기에 잡힘으로써 올림픽의 반이라고 불리는 개막식을 망칠 수도 있다는 불안감이 베이징올림픽의 청사진을 얼룩지게 하고 있다.

'절약형 올림픽'으로 흑자 올림픽을 유치해내겠다는 베이징시의 당초 목표가 무색할 정도로 경기장과 도로 신설에도 엄청난 예산이 소요될 것으로 전망된다.

베이징시는 2008년까지 경기장 건설비용으로 20억 달러(약 2조200억 원), 지하철 노선 및 도로 기반시설 건설비용 242억 달러(약 26조800억 원)를 책정하고 있다. 경기장이 턱없이 모자라 약 30여 개를 새롭게 지어야 하기 때문이다.

2005년 1월 2일 현재 2008년 8월 8일 올림픽 개최까지 1314일 남았다. 텐안먼광장 옆 혁명박물관에 걸린 휘장.

그러나 올림픽을 준비하며 산재한 문제들을 해결하는 과정 자체가 중국 발전의 커다란 동력이 될 것임은 분명하다. 중국은 세계 각 국의 지도자들을 비롯하여 2만여 명의 코치와 선수단, 3만 명의 취재진 등 약 300만 명이 베이징을 찾을 것으로 예상되는 올림픽 호기를 최대한 활용하여 국익을 극대화시키겠다는 계획이다.

분명한 것은 우리가 88올림픽 때 그랬던 것처럼 중국도 베이징올림픽을 준비하는 과정에서 질서의식, 환경의식 등이 제고되며 보다 성숙한 사회로 발전할 것이고 국제적 위상도 더욱 확고해질 것이며 베이징올림픽은 고속성장을 거듭하는 중국의 또 하나의 성장엔진으로 선진사회를 향한 강력한 추진력이 될 것이라는 점이다.

 중국인의 긍정적인 이미지

　　MBC의 한 PD와 중국 마이크로소프사 연구소를 취재하고 귀가하는 길에 PD님이 택시에서 지갑을 분실했다. 돈도 상당히 많았고, 당연히 찾기가 어렵다고 생각하고 포기하는 수밖에 없었다. 그런데 그 지갑에 있는 마이크로소프트사에서 받은 명함이 있어 택시기사는 지갑을 그곳에 갖다 주었고, 중국연구소에서는 PD의 명함에 있는 한국 주소로 다시 그 지갑을 보내왔다. 물론 돈이며 카드 그리고 각종 신분증도 잃어버릴 당시 그대로 말이다.

　　중국에 살면서 중국인들에게 발견되는 부정적인 이미지 못지 않게 또한 긍정적인 면들도 적지 않다. 우선 사람과 사람간의 거리가 가까워서 쉽게 다가갈 수 있다. 사회주의적인 공동생활에 익숙한 탓인지 길을 묻거나 말을 걸어오는 사람들에 대해 중국인들은 우리보다 훨씬 호의적이고 거부감이 없이 대해준다. 유명 교수님이나 정치인 등도 문턱이 그렇게 높지 않고 까다로운 격식 없이 만나 인터뷰나 대화를 할 수 있어 옆집 아저씨처럼 편안한 느낌을 받는다.

　　관시(關系, 사회적 관계)가 없으면 어떤 일을 하는데 어려움이 많다고 하지만, 그 관시도 다분히 실리적이고 융통 있게 운용되는 면이 많다. 오히려 우리가 학연과 지연으로 더 경직된 사회적 관계망을 갖고 있는지도 모른다.

　　문화적인 면에서도 누구나 손쉽게 고급문화를 접할 수 있다는 장점도 있다. 각종 세계적인 공연이나 행사들이 많은데 비용 면이나 공연 관람 기회 면에서 오히려 한국보다 싸고 접근이 용이하다.

7. 기지개 켜며 문화대국 꿈꾸다

　미국의 재정수입 가운데 가장 많은 부분을 차지하고 있는 것은 국방산업이며 문화산업이 그 뒤를 잇고 있다. 세계 평화 운운하며 대량의 무기를 수출하는 미국이 국가 이미지를 긍정적으로 호전시키면서, 그들의 이데올로기를 세계인들에게 선전하는 기능을 담당하게 한 것이 바로 '소프트파워(Soft Power)'라 불리는 '문화산업'이다.

　미국은 전 세계 음반시장의 40%를 차지하며, TV 프로그램의 75%를 제작해 내고 있다. 미국이 생산하는 영화는 양적으로는 세계의 6.7%에 불과하지만, 세계 영화 상영 시간의 50%는 미국산 영화이다. 또 미국의 400대 기업 중에서 72개가 문화산업 관련 기업이다.

　이에 비하면 중국의 문화산업은 1994년 〈중국문화보(中國文化

報))에 처음으로 '문화산업'이란 말이 생겨났을 정도로 그야말로 걸음마 단계에 불과했다. 그 전까지 중국인들에게 문화는 문화선전사업 등으로 자신들의 사상을 강화하는 수단 정도로만 사용되었을 뿐이다. 중국인들에게 문화는 상품화하여 판매한다는 발상 자체가 불가능한 영역이었다.

그러던 것이 1998년 문화부 산하에 문화산업처를 설립하면서 정부의 체계적인 지원하에 발전할 수 있는 체제가 마련되었다. 2000년대 접어들면서 문화산업에 대한 각종 법규와 제도가 마련되었지만, 문화부, 신식산업부(정보통신부), 신문출판부, 방송영화총국(TV, 영화) 등 6개 부처로 나뉘진 업무 처리는 그 효율성이 떨어질 뿐만 아니라, 각 부처간 '자기 밥그릇 챙기기' 양상까지 더해져 아직은 혼란스러운 모습이다.

그러나 후진타오(胡錦濤) 국가 주석이 문화산업에 대하여 "중국이 처한 여건을 고려한 토대 위에서 중국이 중심이 되는, 중국을 위한, 변증법적 취사선택을 거친, 외국의 발전성과를 흡수하는, 더욱 뛰어난 중국의 문화산업을 발전시켜야 한다"고 역설하듯이 국가 수준의 관심과 지원을 등에 업고 빠른 속도로 발전할 것으로 예상된다.

한국문화콘텐츠진흥원 중국사무소 주관으로 베이징대학에서 중국 문화산업에 대하여 강의하고 있는 왕치궈(王齊國) 교수.

베이징대학 문화산업연구소 연구원인 왕

치궈(王齊國) 교수는 〈중국문화산업정책 및 법규〉라는 제하의 강연에서 중국의 문화산업발전에 대한 네 가지 모형을 제시했다.

첫 번째, 문화산업을 하나의 경제 행위로 인정하고 경제 법칙에 따라 운영해야 한다는 것이다. 이것은 중국이 지금까지 문화산업 자체를 정부의 정책 선전 도구로만 활용하며 산업화나 시장화를 이루지 못했다는 자기반성에서 나오는 분석으로 이해된다.

두 번째, 문화산업 단지를 조성하는 것이 문화산업을 발전시키는 지름길이라는 것이다. 정부의 투자를 바탕으로 대규모의 문화단지를 조성하여 문화사업을 이끌어가자는 것인데, 중관춘(中關村)이 IT산업의 중심인 것처럼 하나의 문화기지를 구축해 그것을 중심으로 문화산업을 발전시키자는 것이다. 문화산업 기반이 부족한 상황에서 정부의 지원으로 문화산업 거점을 조성시키려는 전략이다.

세 번째, 문화산업, 학교, 연구기관을 삼위일체로 연결하는 모형이다. 문화산업 자체가 고도의 창의력과 기술력을 필요로 한다는 점에서 대학과 연구소의 아이템을 바로 산업화하는 체제를 만드는 것이 필요하다는 지적이다.

왕 교수의 소개에 따르면, 베이징대학의 문화산업연구소의 경우, 매년 2만 달러를 투자하여 대학 4학년과 석사과정 1, 2학년 중에서 30명 정도를 문화산업요원으로 모집하여 문화산업 역군을 양성하고 있다고 한다. 현재 이 같은 문화산업연구소는 상하이와 베이징 등 3곳이 있으며 앞으로도 계속 생겨날 예정이다.

그림자극의 다양한 도구들. 중국은 풍부한 문화적 원형을 보유하고 있으며 다각적인 산업화를 모색 중이다.

네 번째, 정부는 문화산업의 무대 뒤로 사라지고 문화산업을 담당하는 기업이 전면에 나서 역할을 수행하는 구조를 만들어야 한다는 것이다. 정부의 역할을 최소화하고 시장의 원리에 따라 문화산업이 발전해야 한다는 것이다.

중국은 유구한 역사에서 비롯하는 풍부한 문화원형과 56개 민족의 다양한 전통음악, 춤, 희곡, 건축, 조각, 회화, 서예 등의 폭넓은 문화 퇴적층도 보유하고 있다. 2003년 1인당 평균 GDP가 1000달러를 넘어서면서 문화를 향유할 수 있는 층도 많아지고 있다. 선진국의 경우 가구당 문화소비 비율이 30%에 달하는 데 비해 중국은 교육비 포함 문화소비가 2003년 국내총생산의 2.7%에 불과했다.

문화산업의 비율 면에서는 그다지 높지 않지만, 시장 규모는 결코 작지가 않다. 2003년 문화산업 분야의 총 지출액이 전년 대비 9.4% 증가한 5800억 위엔(87조원)에 달했다.

중국은 현재 TV방송국만 368개, 2124개 채널, TV보급률이 98%에 달한다. TV시청 가정이 3억 600만 가구이며, 시청자 수는 10억 7천만 명이나 된다. 방송프로그램 제작 기구가 1239개이며, 2002년 중국드라마 제작 편수는 489편에 달했다. 영화제작 기구도 39개, 발행기구 3655개, 상영기구는 6만 9176개나 된다.

또한 20%에 육박하는 가파른 증가세로 이미 1억 명을 넘어선 것으로 추정되는 인터넷 사용자와 30%를 넘는 폭발적인 증가 추세를 보이는 통신서비스는 중국문화산업의 잠재력을 잘 대변해 준다.

무한한 발전 가능성과 거대시장, 거기에 막강한 정부지원까지 있지만, 중국문화산업은 현재 관련 분야의 제도와 법규가 마련되지 않은 상황에서 문화산업에 대한 인식부족과 부처별 이기주의, 난무하는 다오반(盜版, 불법복제CD) 등이 문화산업의 발전을 저해하는 요소로 작용해 왔다.

중국정부는 이 같은 문제점을 해결하기 위해 문화산업 분야에 대한 다방면의 개혁을 추진하고 있다. 문화산업 분야에서 정부 주도 하의 독점제도를 폐지하고 경쟁체제를 도입하고 있으며, 내용면에서도 선전 기능을 최소화하고 진정한 오락성을 강화하는

쪽으로 전환되고 있다. 문화산업 제반의 법적 장치를 정비하고 부처별 불협화음도 정부가 나서 조정하겠다는 의지도 읽을 수 있다. 아울러 문화산업 관련 500개 기업에 대한 문화산업박람회를 개최하는 등 다각적인 지원에도 적극 나서고 있는 상황이다.

지금까지 한국의 대중문화가 열악한 중국의 문화산업 기반 위에서 비교적 손쉽게 중국 시장을 공략해 성공했다면, 앞으로는 보다 치열한 경쟁 구조 하에서 살아남을 수 있는 방법을 보다 다각적으로 찾아야 할 것으로 보인다.

중국에 가면 영화평론가가 된다?

〈공작(孔雀)〉 DVD.

중국에 가면 영화평론가가 되어 돌아온다는 얘기가 있다. 한 장에 10위엔 미만의 값싼 불법복제 DVD인 다오반을 통해 국내외 거의 모든 영화를 볼 수 있기 때문이다. 3년의 중국생활을 통해 모은 DVD가 한 박스가 넘을 정도이다. 물론 화질이 좋지 않고 끊기는 것도 있고 또 번역이 엉망인 것도 많지만 한 번 감상하기엔 가격 대비하면 남는 장사다.

한국어로 된 방송을 보기 힘들기 때문에 한국영화도 많이 보지만, 중국어 공부를 위해 주로 보는 것이 중국영화이다. 중국에서 본 것 중에서 가장 기억에 남는 작품은 〈공작(孔雀)〉이다.

낙하산비행사가 되는 것이 꿈이었던 한 소녀의 이야기이다. 그녀가 태어난 환경과 가난 때문에 날개가 있으면서도 그것을 펴지 못하는 공작처럼 꿈은 있지만 현실적인 여건에 묶여 그 꿈을 펼치지 못하는 중국인의 모습을 잘 보여주고 있는 좋은 영화이다.

✱ 팁·색인

런민비 26

중국인들에게 피해야 할 선물 세 가지 34

'개' 대신 '거북이'? 41

한자 컴퓨터 입력 생각보다 빠르다 47

풍류를 아는 베이징의 어느 택시기사 54

〈패왕별희〉, 역사가 외면한 아름다운 패자, 항우 64

고궁에서 정사보다는 자연 속에서 풍류를 즐겼던 황제들 92

역대 총 211명의 황제, 평균 재위기간 10년 102

아름다운 폐허, 원명원 120

열하(승덕) 가는 길, 박지원은 도대체 무엇을 본 것인가? 132

역대 최악의 황제 주원장 143

신선이 되어 산 위에서 배를 타고 노닐다 151

베이징올림픽 때 한 몫 챙겨봐? 171

다이어트해서 살 세 근 뺐어! 180

중국을 읽는 또 하나의 부호, 자전거 189

자살을 통해 본 중국사회 199

나이를 초월한 사랑 205

절대빈곤 213

중국인, 나는 의심한다 고로 나는 존재한다 219

비 오는 날이면 생각나는 중국요리와 중국술 224

까오카오문제 한번 풀어보세요! 231

진정한 한류는? 249

made in china가 희화되는 분위기 263

북한의 친구는 한국일까 중국일까? 269

중국에 살아서 좋은 아주 작고 사소한 것들? 284

우리에게 왜 '선저우쇼크'는 없는가! 292

중국인의 긍정적인 이미지 320

중국에 가면 영화평론가가 된다? 327